Diário tardio

Max Mannheimer

Diário tardio
Theresienstadt – Auschwitz – Varsóvia – Dachau

Tradução
Luis S. Krausz

Prefácio
Wolfgang Benz

Estação Liberdade

Título original: *Spätes Tagebuch: Theresienstadt – Auschwitz – Warschau – Dachau*
© Espólio de Max Mannheimer
© Piper Verlag, para o prefácio e notas de Wolfgang Benz
© Editora Estação Liberdade, 2024, para esta tradução

PREPARAÇÃO Fábio Fujita e Eda Nagayama
REVISÃO Thaisa Burani e Thais Lancman
EDITOR ASSISTENTE Luis Campagnoli
SUPERVISÃO EDITORIAL Letícia Howes
EDIÇÃO DE ARTE Miguel Simon
EDITOR Angel Bojadsen

ESTA EDIÇÃO CONTOU COM O APOIO DE IRMGARD MARIA FELLNER EM MEMÓRIA DE SEU TIO, O HISTORIADOR REINHOLD FUCHS.

CIP-BRASIL. CATALOGAÇÃO NA PUBLICAÇÃO
SINDICATO NACIONAL DOS EDITORES DE LIVROS, RJ

M246d

Mannheimer, Max, 1920-2016
 Diário tardio : Theresienstadt – Auschwitz – Varsóvia – Dachau / Max Mannheimer ; tradução Luis S. Krausz ; prefácio Wolfgang Benz. - 1. ed. - São Paulo : Estação Liberdade, 2024.
 128 p. : il. ; 21 cm.

 Tradução de: Spätes tagebuch: Theresienstadt – Auschwitz – Warschau – Dachau
 ISBN 978-65-86068-28-3

 1. Mannheimer, Max, 1920-2016. 2. Holocausto judeu (1939-1945). 3. Holocausto - Sobreviventes - Biografia. I. Krausz, Luis S. II. Benz, Wolfgang. III.

24-88314
CDD: 940.5318092
CDU: 929:94(100)'1939-1945'

Gabriela Faray Ferreira Lopes - Bibliotecária - CRB-7/6643
16/02/2024   19/02/2024

Todos os direitos reservados à Editora Estação Liberdade. Nenhuma parte da obra pode ser reproduzida, adaptada, multiplicada ou divulgada de nenhuma forma (em particular por meios de reprografia ou processos digitais) sem autorização expressa da editora, e em virtude da legislação em vigor.

Esta publicação segue as normas do Acordo Ortográfico da Língua Portuguesa, Decreto nº 6.583, de 29 de setembro de 2008.

EDITORA ESTAÇÃO LIBERDADE LTDA.
Rua Dona Elisa, 116 | Barra Funda
01155-030 São Paulo – SP | Tel.: (11) 3660 3180
www.estacaoliberdade.com.br

Sumário

Sobre este livro   **9**

Prefácio   **11**

1. Juventude em Nový Jičín   **23**

2. Uherský Brod   **47**

3. Theresienstadt   **59**

4. Auschwitz-Birkenau   **63**

5. Varsóvia   **103**

6. Dachau   **117**

Nota dos editores

As notas de autoria do prefaciador, Wolfgang Benz, estão indicadas por [W.B.], enquanto as do tradutor desta edição brasileira, Luis S. Krausz, por [N.T.].

As fotos que ilustram o miolo são do arquivo pessoal do autor.

Sobre este livro

Max Mannheimer prometeu a si mesmo que jamais voltaria à Alemanha. No país de seus carrascos, passou por todos os sofrimentos que poderiam atingir um ser humano no inferno nazista: humilhações, expulsões, aprisionamento em guetos, morte de quase toda sua família nas câmaras de gás, campos de trabalhos forçados, campos de concentração, fome, doenças e abusos. Como por milagre, sobreviveu. Mas, então, Mannheimer conheceu uma jovem alemã, combatente na resistência, e com ela criou uma família em Munique. Por muitos anos, ele não disse uma palavra a respeito do que havia enfrentado. Só quando, por equívoco, imaginou-se perto da morte, decidiu registrar sua experiência em um "diário tardio".

Nascido em 6 de fevereiro de 1920 em Nový Jičín (República Tcheca), Mannheimer formou-se em uma escola de comércio. Depois da ocupação dos Sudetos pelos nazistas, mudou-se para Uherský Brod, de onde foi deportado para Auschwitz em 1943. Nesse mesmo ano, foi transferido para Varsóvia, como trabalhador judeu escravizado e, de lá, despachado para Dachau em 1944, onde permaneceu até a libertação do campo por tropas norte-americanas em 30 de abril de 1945. Em 2009, a cineasta Carolin Otto lançou um documentário sobre sua vida chamado *Der weisse Rabe* [O corvo branco]. Agraciado com várias honrarias e distinções por seu trabalho humanitário, Mannheimer viveu nas cercanias de Munique até a morte, em 2016.

Prefácio

Max Mannheimer: testemunho de uma época, amigo da humanidade
Wolfgang Benz

No arquivo do Memorial do Campo de Concentração de Dachau, sob o número de arquivo 11.418, encontra-se guardado um texto datilografado de 66 páginas. Com data de entrada de maio de 1976 e a observação "recebido de Hermann Langbein, Viena", esse original contém a história de perseguição e sobrevivência de um judeu. Apesar de algumas correções feitas à mão, o texto não tem título, tampouco consta o nome de seu autor. Trata-se das memórias de Max Mannheimer, sobre Theresienstadt, Auschwitz, Varsóvia e Dachau, publicadas no periódico *Dachauer Hefte* em 1985.

Dachauer Hefte era uma publicação científica dedicada à pesquisa sobre os campos de concentração, concebida também para funcionar como um fórum para os sobreviventes da perseguição nacional-socialista. Na primavera de 1985, durante a preparação da primeira edição, é que encontramos Max Mannheimer.

Como historiador e então colaborador do Institut für Zeitgeschichte [Instituto de História], procurei o autor, junto com Barbara Distel, diretora do Memorial do Campo de Concentração de Dachau, com a intenção de persuadi-lo a nos ceder os direitos de publicação de *Diário tardio* para a primeira edição de *Dachauer Hefte*. As memórias tinham sido escritas em dezembro de 1964, em meio a uma crise existencial profunda, e se destinavam originalmente a sua filha, Eva. Durante duas décadas, o autor não havia pensado em editá-las, tampouco falar sobre elas em público.

Para dar conta da difícil tarefa psicológica de elaborar a própria sobrevivência, Mannheimer inicialmente não fez uso de seus talentos literários, pois tinha à disposição outros recursos e possibilidades. Na década de 1950, começou a se dedicar à pintura, usando o pseudônimo "ben jakov", em homenagem a seu pai, Jakob. Assassinado em Auschwitz em fevereiro de 1943, junto da esposa Margarethe, mãe de Max, o pai havia sido um honrado comerciante judeu em Nový Jičín, cidade na Morávia do Norte (de maioria falante de alemão), tendo posteriormente trabalhado em Uherský Brod, na Morávia do Sul. É impossível situar ben jakov no contexto da história da arte, considerado um pintor ingênuo, bem como eruptivo, cuja criatividade provinha de uma necessidade autônoma e espontânea; abstratos, seus quadros não tinham sequer títulos. (Há uma exceção: "Meu primeiro quadro — 1954", que representa justamente a Capela de São Bartolomeu no

Königsee, retratada em incontáveis calendários, anúncios e cartões coloridos distribuídos em feiras e quermesses.)

À primeira vista, a obra de ben jakov parece decorativa devido a suas grandes superfícies; é marcada pelo brilho do uso recorrente da laca sintética, repleta de viçosas formas vegetativas que impressionam e se tornam inesquecíveis. Revelando um aspecto do caráter do artista, os quadros parecem jorrar de seu interior, como se surgissem por si mesmos. Raramente ben jakov hesita com o pincel ou o lápis nas mãos: sua técnica se vale do spray e da pressa, de tintas para vitrais e da laca sintética, de todo tipo de material. O que lhe interessa é o processo da pintura, não seu resultado. Mas suas exposições o alegraram muito: em 1975, 1995 e 2001, em Munique; em 1977, em Zurique; em 1992, no castelo de sua cidade natal, Nový Jičín; e em 2000 e 2010, em Dachau. No início de 2010, Michaela Haibl escreveu no catálogo da retrospectiva intitulada "… eu pinto só para mim mesmo": "As pinturas sobre tela, papel, telhas de cerâmica, são sinais da vida de Max Mannheimer, rastros abstratos dos temas com os quais se ocupa. São também imagens de um caminho de dor e depressão que se voltam contra o pesar interior e ilustram o destemor no campo artístico, a serenidade e também o prazer da improvisação e do acaso."

O berço de Mannheimer não pode explicar o sucesso de seu breve livro que, desde 2000, volta a ser editado por sua relevância, superior a muitos outros textos. Depois de frequentar uma escola de comércio entre os anos de 1934 e 1936, foi aprendiz no Magazine J. Schön & Co. em Znaim — Stáry Šaldorf, na Morávia do Sul. Com dezenove anos, passou a trabalhar para Rudolf Holz, no comércio de sementes e condimentos em Uherský Brod e, a partir de 1º de setembro de 1939, empregou-se na construção de estradas na região de Luhačovice. Dois anos mais tarde, casou-se com Eva Bock e, a 31 de janeiro de 1943, foi deportado para Theresienstadt e em seguida, transferido para Auschwitz. A chegada no campo foi a última vez que viu a jovem esposa, os pais e a irmã.

Mais de dez anos após sua libertação, Mannheimer descreve suas experiências sob o nazismo em entrevistas realizadas em 12, 13 e 18 de janeiro de 1956 em Frankfurt-am-Main para um projeto da Wiener Library de Londres. Sob o título *In Polish and Bavarian Camps*, as entrevistas descrevem sua experiência nos campos de concentração; sua transcrição está disponível não apenas em Londres, mas também no Centro de Memória do Holocausto Yad Vashem, em Jerusalém, e no Memorial do Campo de Concentração de Dachau. O texto começa: "Eu vivia com minha família na Tchecoslováquia. A 10 de novembro de 1938, meu pai foi preso em Nový Jičín, cidade incorporada à Alemanha por força do Acordo de Munique, e obrigado a assinar uma declaração em que se comprometia a nunca mais pisar em território do Reich. Naquela época, eu trabalhava no comércio e tivemos todos de nos mudar para Uherský Brod. No verão de 1939, comecei a trabalhar na construção de estradas e continuei até janeiro de 1943, quando subitamente todos os judeus da cidade foram confinados no ginásio local pelas forças de segurança. Fomos obrigados a entregar todos os nossos objetos de valor. Organizaram então um transporte. Em 31 de janeiro de 1943 fomos levados para Theresienstadt." De forma lacônica e precisa, Mannheimer narra o início da perseguição à família composta pelos pais Jakob e Margarethe, os filhos Max (com sua mulher, Eva), Edgar, Erich, Ernst e Käthe. Da família burguesa, de valores tanto alemães quanto judaicos, apenas Max e Edgar sobreviveriam à Shoá.

As entrevistas de 1956 podem ser vistas como um preâmbulo ao *Diário tardio*, escrito oito anos mais tarde, com mais cores e riqueza de detalhes, refletindo ainda de maneira mais completa as mesmas virtudes que constituem a qualidade literária das memórias de Mannheimer: precisão, renúncia tanto a ornamentos e artifícios retóricos quanto ao tom lacrimoso e um *páthos* moralizante. Mais do que como escritor, impressiona sua atuação como narrador singular e incansável de seu testemunho. Desde a publicação de seu livro, em 1985, o autor falava diante de estudantes, em eventos comemorativos e efemérides, no Parlamento, em igrejas, seminários e todos os tipos imagináveis de foros.

Depois de sua libertação, no fim de maio de 1945, Mannheimer voltou à sua cidade natal, Nový Jičín e, em dezembro do ano seguinte, casou-se com a combatente da resistência Elfriede Eiselt. Sua filha nasceu ainda em Nový Jičín, mas um ano mais tarde a família se muda para Munique. Elfriede Mannheimer foi vereadora na Câmara local pelo Partido Social-Democrata alemão entre 1952 e 1960. Max passou a atuar junto a instituições assistenciais judaicas. Em 1947, participou do Central Committee of the Liberated Jews [ZK, Comitê Central dos

Judeus Libertos], na Zona de Ocupação Americana, além de escrever para o jornal judaico-alemão *Neue Welt*, publicado por seu amigo Ernest Landau. A partir de agosto de 1948, colaborou com o American Jewish Joint Distribution Committee [JDC, Comitê Judaico-Americano de Distribuição Conjunta] em Munique e em Frankfurt. Na área comercial, encerrou sua vida profissional como gerente de uma loja de artigos de couro na estação central de Munique. Em 1964, sua esposa Elfriede morre e, no ano seguinte, Mannheimer se casa com a norte-americana Grace Cheney, com quem terá Ernst, nascido em 1966. Grace virá a falecer em 3 de maio de 2010.

Como figura emblemática, a testemunha atua em diferentes circunstâncias e esferas. A testemunha forense se pronuncia em ritos públicos diante de uma audiência, sob exigências de caráter político. Já a testemunha pedagógica se expressa por meio da mídia expressa e em programas de televisão e rádio, provendo autenticidade a artigos e reportagens ou exercendo sua autoridade como comentadora em temas de interesse público. Em seu exercício do testemunho, Mannheimer abarca e explora todas as possibilidades, tornando fácil para as novas gerações não apenas compreender a mensagem, mas amar seu mensageiro — por seu humor e jeito amigável, por não querer mal a ninguém. Ao sempre encontrar quem o ouça, o autor busca atender à exigência maior de seu assunto: o esclarecimento a respeito do nacional-socialismo.

Sua carreira de testemunha começa logo após a publicação do livro em 1985. Em 1988, Mannheimer se torna presidente da Lagergemeinschaft Dachau [Comunidade do campo de concentração de Dachau], entidade que congrega os sobreviventes, e vice-presidente do Comitê International de Dachau [CID]. Inúmeras honrarias e condecorações lhe foram concedidas, dentre as quais o título de doutor *honoris causa* da Universidade Ludwig-Maximilian de Munique e a cidadania honorária de Nový Jičín. Foi o protagonista do documentário *Der weisse Rabe* [O corvo branco], de Carolin Otto (2009) e, ao completar noventa anos de idade, recebeu o título de membro honorário da Comunidade Israelita de Munique.

Ainda que o papel da testemunha como historiógrafo se encontre em contradição com o de cronista, ambos podem ser desempenhados de maneira exemplar pela mesma pessoa, como nos casos de Eugen Kogon e Stanislav Zámečník. Com objetividade e sóbrio distanciamento, Kogon relatou sua experiência no campo de concentração de Buchenwald em *Der SS Staat* [O Estado da SS]. Zámečník, por sua vez, associou a própria experiência de prisioneiro à profissão de historiador em sua monografia científica sobre Dachau. Um contraponto seria posto pelo livro sobre Theresienstadt de H. G. Adler [*Theresienstadt 1941-1945. Das Antlitz einer Zwangsgemeinschaft* (Theresienstadt 1941-1945: a face de uma comunidade coagida)] publicado em 1955, no qual o autor inscreve, de maneira duradoura e histórica, uma imagem tendenciosa dos membros do Judenrat [Conselho dos judeus], por meio da combinação da caracterização distorcida dos personagens com a análise das estruturas do gueto. Mannheimer, no entanto, satisfaz a todas as exigências da testemunha ideal e ainda apresenta características, temperamento e dons que fazem dele alguém vocacionado para o esclarecimento: humor, paixão e uma inesgotável cordialidade. Sua natureza curiosa, aberta e sociável o torna um interlocutor ideal para os jovens, ao não buscar despertar tristeza em seus ouvintes, mas compreensão e conhecimento. A postura da vítima sofredora lhe é estranha e fala sobre o Holocausto não como um anjo vingador nem como alguém que profere sermões em busca de arrependimento.

A paciência não faz parte de seus atributos e, sempre em movimento, só está feliz defronte de uma multiplicidade de tarefas, da requisição de sua presença em diferentes lugares ao mesmo tempo. Max vive assim, correndo de um compromisso a outro, diligentemente revirando o solo pedregoso das dolorosas lembranças, alegrando-se com a atenção recebida do público. Aprecia quando senhoras se sentem atraídas, embora acredite ser explicável por seu cavalheirismo e encantamento à moda antiga, reagindo com honradez a todos os sinais de estima.

Nunca devemos dizer que uma pessoa é vaidosa; a vaidade é intrínseca ao ser humano, todos somos assim. As formas tomadas por essa necessidade de exercer influências variam de pessoa para pessoa e se, para alguns, voltam-se mais para o interior, para outros, mais para o exterior. Assim também é para o modesto e amável Max Mannheimer. Há muitos anos, ele deixa os passantes atônitos e de olhos arregalados ao circular com seu lendário Tatra 1938 (apenas no verão, pois o veículo é demasiado valioso para ser exposto ao mau tempo do inverno). Produzido nas Indústrias Tatra, na Tchecoslováquia, seu design é futurista, com uma barbatana de tubarão na traseira, um pioneiro na tendência *streamline* da indústria automobilística, um fantasma prateado da história da técnica. (Evidentemente, o carro se relaciona com sua biografia: presente de seu 70º aniversário dado por Edgar, irmão estabelecido como galerista em Zurique, onde faleceu em 1993.)

Seu talento para a amizade é comparável ao de poucos e alegra-se por partilhar dessa amizade o autor destas observações críticas (com plena consciência de que seu amigo Max aprecia distinguir as tarefas do sobrevivente do Holocausto daquelas do historiador — a pesquisa e a interpretação. E enfatiza tal distinção por meio de um chiste ao perguntar, com falsa modéstia, se não teria cometido algum erro em sua descrição dos pavores de Auschwitz). A franqueza de Mannheimer em parte explica sua habilidade em fazer amigos. É assim que em uma carta pede ao historiador, cujos deveres profissionais incluem a publicação de documentos que testemunhem o nacional-socialismo (como a reedição comentada de um exemplar do jornal nacional-socialista *Völkischer Beobachter*, ou *Observador Popular*), que considerasse que, sendo um sobrevivente da Shoá, não poderia tolerar com boa consciência que documentos do nacional-socialismo fossem reeditados, advertindo que se veria obrigado a se manifestar em uma audiência no Parlamento da Baváris.

Uma amizade que se baseia em convicções desse mesmo tipo também o liga ao Convento das Carmelitas, em Dachau. Impressionada pela leitura das memórias, a irmã Elija Bossler conheceu Mannheimer em um serviço ecumênico em 1988. Em 1992, recebeu uma carta em que ele esclarece o sentido da amizade entre um judeu e a freira: "Se alguém tentar incendiar sinagogas, você as defenderá — e eu farei o mesmo no caso de igrejas..."

Barbara Distel, sua companheira e amiga por muitos anos, tentou descrever o segredo de seu sucesso e capacidade de exercer influência sobre as pessoas: "Por reconhecer que nunca se pode saber com antecedência como uma pessoa irá se portar diante da ameaça de tortura e morte, ele nunca julgava de antemão, com base apenas em aparências. Cada um, especialmente o jovem e até mesmo um neonazista, deve primeiro ser ouvido para que talvez possa recuperar a sensatez." Essa é a mensagem de tolerância e amizade que Mannheimer não apenas anuncia, mas vive de fato.

O historiador enquanto inimigo natural das testemunhas é máxima citada com frequência, naturalmente falsa ao instituir uma fundamental e inadequada contradição ao denunciar um dos dois lados da questão. Mas a exigência de autenticidade (em contraposição ao estudo das fontes e à interpretação da literatura), indissociavelmente ligada ao postulado moral das testemunhas de que é preciso evitar a repetição dos crimes (em contraposição à objetividade científica, que não tem essa tarefa), pode mesmo conduzir a tensões.

O historiador distingue-se da testemunha por estar obrigado a pesquisar, documentar e interpretar os detalhes de acordo com as regras de crítica de fontes, bem como avaliá-los e contextualizá-los na historiografia do genocídio. Historiadores e testemunhas dependem um do outro: quem passou pelos campos de concentração contribui por meio de seu testemunho, que se torna uma fonte; já o historiador estabelece o quadro de referências no qual se insere a imagem da memória, ajuda através de interpretação ou confirmação de circunstâncias factuais, dando à testemunha um lugar na memória coletiva e inserindo a somatória dos testemunhos na interpretação dos acontecimentos históricos.

As testemunhas da perseguição são, assim, fontes indispensáveis, não só pela capacidade ou dever de testemunhar (para isso, há material suficiente produzido pelos próprios perpetradores, objeto de estudo dos historiadores), mas por serem capazes de tornar visível e compreensível a dimensão humana da catástrofe por meio de relatos. Somos gratos por cada memória e aos autores que se dedicaram ao esforço doloroso de fixá-las em prol de seus contemporâneos e das gerações futuras. O relato testemunhal da perseguição é a fonte indispensável de toda a historiografia sobre o nacional-socialismo, os campos de concentração e guetos, o assassinato dos judeus. Tal afirmação é especialmente verdadeira para o Holocausto e seus milhões de vítimas, genocídio cujas especificidades não são concebíveis para aqueles que não conheceram esse universo, nem passíveis de reconstrução a partir dos dados de arquivos. Auschwitz é um marco na história em que a realidade supera a fantasia e a imaginação humanas.

As dores e os sentimentos das vítimas, as dificuldades dos sobreviventes e o sofrimento associado ao esforço de relembrar escapam à capacidade imaginativa e perceptiva daqueles não diretamente enredados nesses acontecimentos. Apesar da empatia e da diligência aplicada ao estudo, o historiador é sempre alguém não envolvido, e como tal deve permanecer, conservando um distanciamento crítico de modo a alcançar uma imagem objetiva e tão correta quanto possível do assunto estudado para que possa apresentá-lo de forma adequada ao público. Isso não significa que não seja capaz de tomar partido: ao contemplar e descrever o genocídio, a ciência não pode se separar da moral, não sendo possível agir, por assim dizer, sem deter um objetivo ulterior em vista, apenas com o propósito de debater, como se Auschwitz não tivesse existido ou sido como de fato foi. Tampouco é legítimo investigar a catástrofe da Shoá apenas como fenômeno político ou histórico, deixando de considerar as vítimas enquanto seres humanos para tomá-las apenas como dados estatísticos. Só o relato do sobrevivente recupera a dimensão humana dos acontecimentos históricos, sem a qual seria impossível compreendê-los.

Como pouquíssimos outros textos, o *Diário tardio* de Max Mannheimer mostra o caminho para a compreensão da tragédia ao abrir mão dos efeitos para descrever aquilo que aconteceu a um ser humano e os membros de sua família, como esses eventos se deram, tornando assim transmissível o que ocorreu a milhões de outras pessoas, dentre as quais não foram muitas as que sobreviveram e tiveram a oportunidade de testemunhar.

Munique, junho de 2010

1. Juventude em Nový Jičín

A loja de Adolf Guttmann, tio de meu pai, em Vitkovice (à época, Witkowitz, pertencente ao Império Austro-Húngaro), antes da Primeira Guerra Mundial. Lá, meu pai aprendeu o ofício de comerciante.

Dentre as memórias que se tornariam significativas para minha vida futura, uma das mais antigas envolve a distribuição de presentes de Natal no jardim da infância de Nový Jičín. Àquela época, eu ainda nada sabia a respeito das diferenças entre judeus e não judeus. E, assim, a maneira como a tia do jardim da infância, fantasiada de Papai Noel, distribuía os presentes entre as crianças me pareceu injusta. Eu desejava, em particular, o lindo cavalinho de balanço que uma das crianças havia recebido, mas ganhei apenas dois ginastas de madeira que deslizavam de um lado para o outro sobre uma barra. Em casa, eu me queixei dessa injustiça com minha mãe e, mais tarde, quando comecei a compreender a diferença entre cristãos e judeus, pouco a pouco cheguei à conclusão que o Menino Jesus não gostava dos judeus.

Foi só depois de entrar no ensino fundamental que me dei conta de ser diferente dos demais. Pois eu também me sentia em desvantagem na escola por não poder participar das aulas de religião como as outras crianças, além de não receber santinhos em troca do papel-alumínio que coletávamos e que supostamente deveria contribuir para a libertação de escravos negros da África. Aquilo me entristeceu muito e só encontrei consolo quando *Frau* Mandl, viúva do rabino de Nový Jičín (à época, Neutitschein, em alemão), explicou que os judeus tinham uma história própria, bem mais antiga do que a dos cristãos. Sempre ouvia com interesse as narrativas bíblicas e estava convicto de que o senhor padre, a quem eu costumava cumprimentar com as palavras "Louvado seja Jesus Cristo", como as outras crianças, não seria capaz de contar histórias tão bonitas quanto as da Bíblia hebraica. Além disso, as crianças cristãs não ganhavam doces como eu, recompensa pelo bom comportamento em nossas aulas de religião fora da escola.

Meu pai, à esquerda, sentado com seu primo e uma amiga, durante a Primeira Guerra Mundial. Ele serviu por sete anos no Exército Real e Imperial da Áustria, dos quais três no *front*. Foi condecorado com a Ordem da Cruz.

Meus pais se conheceram no último ano da guerra. Minha mãe era balconista no açougue de meu tio. Tio Jakob era o mais velho de catorze irmãos e minha mãe, Margarethe, a mais jovem. No dia 25 de março de 1919, meus pais se casaram. O dote de minha mãe consistia de móveis antiquados, pesadamente ornamentados. O casamento foi pago por meu tio, assim como o fraque confeccionado para meu pai.

Meu pai era o arrendatário de uma estalagem na Neutitscheiner Landstrasse nº 20 pertencente à família Huppert. Foi num cômodo contíguo ao salão da estalagem que vim ao mundo um ano mais tarde. Em 1921, nasceu meu irmão Erich; em 1923, Ernst; em 1925, Edgar; e, em 1927, minha irmã Käthe.

Minha primeira palavra não foi "papai" nem "mamãe", mas "carro". O fascínio pelos veículos com quatro rodas nunca mais me deixaria.

Meu pai tinha pouco tempo para nós, crianças, e por isso eu apreciava ainda mais quando nos contava histórias. Impressionava-me, em especial, a narrativa sobre o encontro com um bom amigo seu, a quem considerava acima de todos devido à sua fidelidade. Estávamos em 1915. O segundo ano da guerra. Naquela ocasião, o regimento no qual meu pai servia se encontrava-se na Galícia.[1] Era noite. Meu pai estava de guarda. Conversava com outro soldado. De súbito, ouviu o relinchar de um cavalo

---

1. Província oriental do antigo Império Austro-Húngaro, próxima à fronteira com o Império Russo, território que, até o fim do século XVIII, pertencera à Polônia e que hoje se divide entre a Polônia e a Ucrânia. [N.T.]

1. JUVENTUDE EM NOVÝ JIČÍN

que se tornava cada vez mais alto. Meu pai se aproximou e reconheceu o cavalo que costumava puxar a carroça de seu tio, dono de um comércio de gêneros alimentícios, com o qual havia percorrido toda a região em torno de Vitkovice. A história desse encontro me agradava tanto que meu pai era sempre obrigado a repeti-la.

Eu e meus irmãos tínhamos orgulho da amizade de nosso pai com um maquinista de trem judeu chamado Allerhand. Nós o encontramos uma vez. Mais do que tudo, nos fascinou seu relógio de bolso que pendia de uma pesada e comprida corrente. Seus confiáveis ponteiros indicavam a partida e, em nossa imaginação, era como se aquele relógio tivesse o poder de pôr trens em movimento.

Tudo que sei sobre a juventude de meu pai é que aos doze anos de idade se tornou aprendiz na loja de seu tio Adolf Guttmann, e que era um apaixonado dançarino, tão apaixonado que, em certa ocasião, passou três noites dançando e ainda trabalhando durante o dia. Na terceira noite, porém, foi necessário despejar um balde de água fria para despertar aquele dançarino que, por demais fervoroso, tinha desmaiado.

Como acontecia com a maioria dos habitantes das cidades grandes — Vitkovice era um distrito de Ostrava, a segunda maior cidade da Morávia —, meu pai havia se tornado um verdadeiro *Kaffeehausmensch*, um frequentador assíduo dos cafés, muito embora fosse originário de uma região agrária próxima de Cracóvia.[2] Claro que

---

2. Hoje parte da Polônia, Cracóvia foi, até 1918, a capital da Galícia Austro-Húngara. [N.T.]

era preciso não só se dedicar com fervor à leitura dos jornais, mas também aos jogos de bilhar e de cartas. Meu avô paterno — meu pai era filho de seu segundo casamento — possuía uma carruagem puxada por dois cavalos e vivia de transportar todo tipo de mercadoria de Cracóvia, distante trinta quilômetros de Vitkovice. Um negócio do tamanho de dois cavalos. Além disso, meu avô tinha uma porção de terra com bosques e campos. Hoje já não tenho mais certeza se foi meu avô ou bisavô que, em poucos anos, foi capaz de gastar com bebida tudo que aqueles bosques valiam. Esse incidente na história da minha família me impressionou a ponto de tomar a decisão de nunca beber em minha vida, à qual me mantenho fiel até hoje. Claro que minha educação e os exemplos do Clube Desportivo Makkabi também contribuíram para isso.

Segundo se conta, meu avô teria sido um homem extremamente forte. Certa vez, quando transportava um lote de madeiras, um de seus cavalos quebrou uma perna. Ele teria então embrulhado o animal num lençol e o carregado sobre os ombros até o estábulo que ficava a algumas centenas de metros de distância. Devo fazer a ressalva que na Polônia há uma raça de cavalos só um pouco maiores que pôneis. Mas, para mim, um cavalo era um cavalo, e o feito de meu avô era admirável.

Minha avó era uma mulher de bom coração e vivia em Myslenice, uma provinciana cidadezinha polonesa. Ela me parecia velhíssima e apertava com força quando nos beijava, além de fazer uma deliciosa sopa de macarrão com favas. Eu gostava muito de observá-la assando pão, era muito mais bonito do que simplesmente comprar pão na padaria. Nas noites de sexta-feira, minha avó usava um vestido muito formoso, acendia velas e se enchia de orgulho quando eu sabia dizer tão bem a bênção sobre o pão. Tio Ludwig, cunhado de meu pai, me levava à sinagoga no *shabat*, onde o serviço era bem mais barulhento do que em nossa cidade. Havia muitos homens com barbas compridas e cachos junto às orelhas. Os jovens tinham só os cachos, mas todos vestiam casacos longos e compridos, além de cobrir suas cabeças com quipás. Aos dez anos de idade, eu era incapaz de compreender que num lugar a apenas algumas horas de viagem de trem de Nový Jičín, os judeus tivessem uma aparência tão diferente, podendo viver de forma assim isolada, restrita aos membros da própria comunidade, e que, na sinagoga, as mulheres ficassem escondidas atrás de uma cortina. Mas em Myslenice havia também homens sem barbas nem cachos que se dirigiam às escondidas a uma estalagem com uma pista de boliche, situada à margem do rio Raba, profanando assim o *shabat*.

As férias na casa de minha avó ficaram profundamente marcadas em minha lembrança. Em especial, me alegrava passar uma parte da infância naquele mesmo lugar onde meu pai teria feito suas travessuras de criança. Na época, eu queria muito crescer em um lugar tão aprazível quanto aquele, onde uma floresta se estendia atrás da residência. Só sentia falta do campo de futebol, o que tornava mais fácil a volta para casa.

Minha mãe era mais inteligente que meu pai. Considerando que havia frequentado a escola por apenas oito anos, seus conhecimentos eram espantosos. Ela lia muito e tinha edições da maior parte dos clássicos da literatura; apesar do tempo transcorrido desde os anos de escola, era ainda capaz de recitar um poema francês de cor e sem interrupções. Eu gostava muito de ouvi-lo, mesmo que não compreendesse uma palavra sequer. Era algo sobre a primavera, as flores e o canto dos pássaros.

O caminhão de entregas de meu pai, um Chevrolet com seis cilindros, de 1931.

Nový Jičín é o nome em tcheco da cidade onde nasci. À época, como parte do Império Austro-Húngaro, chamava-se Neutitschein, como escrito do outro lado da carroceria.

1. JUVENTUDE EM NOVÝ JIČÍN

Minha mãe era bonita. Ou assim me parecia. Era uma mãe amorosa que tinha a capacidade de dar a cada um de seus filhos a sensação de ser o favorito. Minha mãe era muito crente. Não só em aparência. É verdade que só ia à sinagoga nos dias das festas religiosas, mas cozinhava segundo a *kashrut*, as leis dietéticas judaicas, e era uma esposa paciente.

Devido à paixão de meu pai pelo carteado, minha mãe se via com frequência sozinha. No entardecer dos domingos, ela me enviava, como filho mais velho, ao café Heinrichshof para buscar meu pai. As pesadas cortinas que pendiam à meia altura das janelas escondiam a vista do interior do café, de modo que só saltando eu era capaz de vislumbrar a esplêndida cabeça calva de meu pai em meio a seu jogo de cartas. E então eu entrava. Meu pai me saudava com tanta afeição como se não nos víssemos há meses. Ele me oferecia uma limonada, uma espécie de suborno, para que assim pudesse prolongar seu carteado, que eu podia aceitar ou não, dependendo de meu humor.

Minha mãe ficava muito sozinha. Ainda que nunca se queixasse disso, decidi que jamais jogaria cartas para poder dedicar mais tempo à família. E sempre mantive essa promessa.

Para justificar o comportamento de meu pai, minha mãe contava uma história que teria se passado em Uherský Brod. Um pai com muitos filhos havia perdido sua pequena casa nas apostas de uma noite de carteado. Passados poucos dias, a família teve de deixá-la. Quando o homem morreu, a viúva disse junto a seu túmulo: "Você fez bem em jogar, ao menos assim teve alguma alegria em sua vida."

A despeito desse ponto fraco, o meu foi um bom pai, mesmo se rigoroso e dono de um forte sentido de justiça. Foi um comerciante correto e bastante respeitado. Em 1927, meu pai adquiriu uma motocicleta com um *sidecar* que mais parecia um caixote de lata. Ele o enchia com queijos, peixes em conserva e outros alimentos do tipo e visitava as lojas da região. Um ano mais tarde, comprou um caminhão de entregas e acrescentou chocolate a seu leque de mercadorias, construindo assim um comércio atacadista de gêneros alimentícios. Em 1930, meu pai entregou a estalagem que arrendava e comprou uma casa. Aos curiosos, costumava explicar que metade do dinheiro havia emprestado a si mesmo e a outra metade ficara devendo.

Pouco antes de meu 13º aniversário, fui preparado para meu *Bar Mitzvá*. Acontecimento muito importante na vida judaica, faz do jovem um membro com plenos direitos na comunidade da sinagoga. Ainda hoje posso sentir a excitação de minha mãe quando me pus diante do altar da Torá na sinagoga. Eu também estava muito excitado. Daquele momento em diante, eu poderia participar do *minian*, o quórum mínimo para que se possa realizar um serviço religioso judaico. Quando os judeus rezam, é preciso que pelo menos dez homens estejam presentes. Nos dias de semana em que se comemorasse um ano da morte de alguém, quando se recita o *Kadish,* a reza dos mortos, eu passaria a ser chamado em minha casa para participar do serviço religioso. Além dos *tefillin*, os filactérios, e do manto de orações, recebi muitos presentes.

1. JUVENTUDE EM NOVÝ JIČÍN

Meus anos de escola não foram muito movimentados. Nunca fui provocado por causa de minha religião, embora ocasionalmente alguém na rua gritasse "judeu porco" ao me ver passar. Sempre que possível, eu me defendia com os punhos. Certa vez, diante de um rapaz mais velho e mais forte, pedi ajuda ao meu irmão Erich. Meu irmão pegou uma bola de esterco e a enfiou dentro da boca do ofensor até ele prometer nunca mais gritar "judeu porco" de novo.

Na escola de comércio que frequentei entre 1934 e 1936, pude observar os primeiros sinais do nacional-socialismo entre meus colegas, de idade entre quinze e dezessete anos. Uma estudante chamada Haas tinha em um de seus livros escolares um retrato de Hitler que ela contemplava com frequência e atenção durante a aula. Aquilo me assustava um pouco pois, naquela época, os judeus já estavam sendo perseguidos na Alemanha. Eu sabia algo a esse respeito por meio de um livro de um imigrante alemão publicado na Tchecoslováquia, mas não queria enxergar o perigo nele descrito. Além do partido Sudetendeutsche Heimatfront[3] que mais tarde passou a se chamar Sudetendeutsche Partei e era menosprezado por

---

3. A "Frente Nacional dos Alemães dos Sudetos" foi criada em 1º de outubro de 1933 por Konrad Henlein, passando a ser chamada de "Partido dos Alemães dos Sudetos" em abril de 1935. A partir daquele ano, o partido, que congregava todos os movimentos políticos dos alemães dos Sudetos, começou a ser financiado pelo Reich alemão. Ainda em 1935, conquistou maioria relativa (15,2% dos votos) e se estabeleceu sob o domínio de Hitler em 1937. Mais tarde, tornou-se um instrumento da política nacional-socialista com relação à República Tcheca, sendo encampado pelo Partido Nazista em dezembro de 1938. [W.B.]

todos, não se via nenhum sinal que pudesse apontar para a destruição da República Tchecoslovaca. O fundador e primeiro presidente, Thomas Garrigue Masaryk, queria construir um Estado multiétnico, aos moldes da Suíça, de alta industrialização, áreas agrícolas bem desenvolvidas e habitado por tchecos, eslovacos, alemães, poloneses, ucranianos, húngaros e judeus. No entanto, os tchecos, que haviam conquistado a independência após séculos de dominação estrangeira, cometeram erros dos quais a minoria alemã se aproveitou para fins propagandísticos, sobretudo a política de distribuição de cargos políticos implementada de maneira especialmente desastrada.

Foto de classe da Escola de Comércio de Nový Jičín em 1935. Estou em cima, à esquerda.

1. JUVENTUDE EM NOVÝ JIČÍN

O time de futebol S. K. Neutitschein em 1936. Sou o ponta-esquerda e, na foto, estou na primeira fileira, à esquerda.

Após a conclusão de meus estudos na Escola de Comércio, passei a trabalhar na firma J. Schön & Co. em Znaim-Stáry Šaldorf. O trabalho na loja e no escritório não me parecia difícil, pois, desde os doze anos de idade, eu havia auxiliado com afinco no comércio de meu pai. Eu trabalhava muito. A loja abria todos os dias, das cinco e meia da manhã até as nove horas da noite, e também aos domingos, das sete às onze horas da manhã. Eu aproveitava meu tempo livre para fazer passeios a pé e de bicicleta, ir ao cinema ou jogar futebol.

A imagem que os outros moradores tinham de nós, judeus, podia ser assim resumida: os judeus são bons comerciantes, fazem seus filhos estudarem e se mantêm muito próximos uns dos outros. Por isso me consideravam fora do comum ao me verem jogando futebol, por diferir da imagem usual dos judeus. "Olhe, um judeu está jogando." As notícias se espalhavam rápido e no intervalo, eu me via sempre cercado de curiosos, como um grande astro do futebol. E que, além disso, eu jogasse bem, era algo que deixava a todos ainda mais admirados.

As atividades do Partido dos Alemães dos Sudetos, de Henlein, se intensificaram cada vez mais e, quando Hitler marchou sobre a Áustria em 12 de março de 1938, a consciência que suas tropas estavam a menos de dez quilômetros foi sentida como um fardo sobre nós, judeus. Nas noites que se seguiram, um grande número de refugiados judeus ilegais cruzou a fronteira entre a Áustria e a Tchecoslováquia. Muitos deles dormiram em minha cama enquanto eu me contentava com uma cadeira. Ao amanhecer, eram levados de táxi até a estação de trem e de lá seguiam viagem para o interior do país, principalmente para Brno. Embora soubesse dessa imigração ilegal, a polícia fazia vista grossa.

    Uma jovem que havia dormido em nossa casa e logo deveria ser levada para a estação se recusava a abrir mão de, com toda calma e tranquilidade, passar ruge em suas faces e batom nos lábios, ignorando minhas exortações para se apressar pois o táxi já a aguardava na frente de casa. Naquela ocasião, seu comportamento me irritou. Quando pensei nesse episódio mais tarde, passei a admirar essa mulher comum por sua atitude. Na Áustria sob Hitler, ela havia sido humilhada e obrigada a suplicar e, mesmo após ter perdido tanto, ainda conservava dignidade e autocontrole.

1. JUVENTUDE EM NOVÝ JIČÍN

Na segunda quinzena de setembro, as tensões políticas e incertezas me levaram de volta a Nový Jičín, para a casa de meus pais e de meus irmãos.

As constantes manobras do Exército, as atividades políticas e diplomáticas, a agressividade dos nazistas e, por fim, a mobilização parcial em maio de 1938 claramente aludiam à desgraça prestes a se abater sobre nós. Nossa única esperança recaía sobre os tratados e as alianças políticas e militares que logo provaram ser apenas letra morta.

Em setembro de 1938, quando Hitler, Mussolini, Chamberlain e Daladier assinaram a entrega do chamado "País dos Sudetos" a Hitler no Führerbau, o palácio do *Führer* em Munique, teve início uma nova era.[4] Os judeus na Tchecoslováquia olhavam para os novos tempos com preocupação.

10 de outubro de 1938
Ocupação dos Sudetos

A cidadezinha está de ponta-cabeça. Suásticas e faixas com os dizeres "Obrigado ao nosso *Führer*!" e "Saudamos nossos libertadores!" estão por toda parte. As tropas

---

4. Entre 29 e 30 de setembro de 1938, chefes de Estado firmaram o chamado Tratado de Munique, um compromisso entre Alemanha, Grã-Bretanha, França e Itália que pôs fim à chamada "crise dos Sudetos", desencadeada por Berlim no fim de 1937. Segundo o tratado, a Tchecoslováquia ficava obrigada a entregar ao Reich toda a região, correspondente a 20% do território do país e a 25% de sua população, majoritariamente habitada por alemães. [W.B.]

alemãs entram em Nový Jičín. Entusiasmada, a população vibra. Não, não vibra, mas urra. "*Sieg Heil! Sieg Heil! Sieg Heil!*" Em todas as vitrines há retratos de Hitler e cartazes de agradecimento. Não ouso me aproximar da praça central, o centro das festividades. O entusiasmo é ensurdecedor, fanático.

Discutimos a situação em casa. Não será tão ruim. Não podemos simplesmente fugir. Nossa casa é aqui. Meu pai é otimista. Ele combateu na Primeira Guerra Mundial como soldado austríaco e é pagador pontual de seus impostos. Além de estimado, tinha boa reputação. Todos o conhecem. Não só o rabino, mas também o padre. Sempre se limitou a ser um comerciante, nunca se envolveu com política. Se Deus quiser, tudo vai correr bem. Se Deus quiser.

Dois dias depois, o motorista da firma, Markus, e o filho de Piesch, dono da fábrica de sabão, confiscaram nosso furgão Chevrolet em nome dos novos chefes do programa nacional-socialista de assistência pública. A atitude diante de meu pai era estarrecedora. É impressionante como um par de botas, calças de montaria e o tom militar são capazes de transformar uma pessoa.

Passados mais alguns dias, nosso motorista Albert, recém-dispensado do Exército tcheco, teve permissão para dirigir "seu" caminhão para o mesmo programa. Pão e enlatados são distribuídos para a população "faminta". Uma situação grotesca. Produtos alemães distribuídos por um veículo de judeus. O nome de nossa firma, escrito em ambos os lados da carroceria, foi coberto por cartazes nazistas. Simples assim.

"Hitler faz algo pelo povo", diz Albert. Nesse instante, ele esquece que, para esse "algo", foi "tomado emprestado" o velho furgão de Mannheimer com o qual Albert ganha seu salário. "Sim, ele faz", eu respondo.

Depois de 10 de outubro de 1938
Nový Jičín

A cidade se transformou profundamente depois de 10 de outubro. Da noite para o dia, o tráfego, antes do lado esquerdo da via, passou para o direito. Os policiais receberam novos uniformes, desapareceram as placas bilíngues de sinalização em alemão e tcheco. Havia suásticas por toda parte e as pessoas usavam broches do partido na lapela. Nosso vizinho Herr Demel, um pequeno comerciante de gêneros alimentícios, se aprumou e explicou: "Antes, éramos insignificantes, mas agora..." Eu o vi crescer diante de meus olhos. Sua autoconfiança era mesmo tangível. *Frau* S., que vivia na Mühlgasse, substituiu a imagem da Virgem Maria, sob a qual luzia uma lamparina, por um retrato de Hitler. O novo Deus devia ser venerado por essa velha solteirona, como faziam crer as flores que adornavam o retrato.

A maioria dos nossos clientes alemães declarou que não poderiam mais comprar em nossa loja. Dois alemães, no entanto, passaram a comprar duas vezes mais do que antes, sem fazer segredo de suas posições políticas.

Alguns de meus antigos colegas de escola portavam agora uniformes marrons e, quando nos encontrávamos, era como se não me conhecessem. Para mim, estava muito bem. Ficava feliz quando só olhavam para mim como um estranho. Eles poderiam querer falar comigo. Até me agredir. Mas não o faziam.

Lembrando-se de suas mães e avós alemãs, alguns tchecos de súbito se transformaram em alemães e nazistas. Nascidos nessa época, meninos recebiam nomes como Adolf, Hermann e Horst. Os nomes de menina extraídos de heroicas sagas alemãs se tornaram moda. Pessoas com sobrenomes eslavos de repente adquiriam nomes germânicos para dar a impressão de serem mais alemãs. Nos últimos anos, o nacional-socialismo já tinha tornado símbolos da germanidade autêntica os trajes folclóricos típicos do Sul da Alemanha, chamados *Dirndl*, e as meias brancas de desenho trançado, que então passaram a ser imitados em nossa cidade, bem como os penteados característicos das líderes do BDM.[5]

Por causa da favorável taxa de câmbio do marco alemão em relação à coroa tcheca (1 marco correspondia a 8,33 coroas), os novos senhores foram capazes de esgotar os estoques de todas as lojas em pouco tempo. A princípio, os comerciantes se viram entusiasmados com esse surto, porém logo foram obrigados a reconhecer que entregavam boas mercadorias em troca de dinheiro ruim, com

---

5. Bund Deutscher Mädchen (BDM), literalmente União das Moças Alemãs, era a versão feminina da Hitler Jugend, ou Juventude Hitlerista, que congregava os jovens do partido em grupos regidos pelas doutrinas nazistas. [N.T.]

o qual não conseguiam repor seus estoques. Era como trocar ouro por ferro. Quando se deram conta, já era tarde demais. Algumas pequenas lojas fecharam, e seus proprietários passaram a vestir uniformes militares ou se tornaram funcionários.

No início de 1938, tive de esperar quando fui a nosso barbeiro. Havia dois clientes na minha frente. O barbeiro Kunz pôs em minhas mãos um exemplar do *Stürmer*, semanário de propaganda nazista, e recomendou que o lesse. Com especial prazer, apontou para a caricatura de um judeu e perguntou se me agradava. Não fiquei sem resposta e, sem pensar no risco que estava correndo, respondi: "A raça superior é naturalmente mais bonita!" Kunz não disse mais nada. Cortou meu cabelo como de costume, mas a usual conversa seguiu com dificuldade naquele dia.

O açougueiro tcheco Tonda Neumann por muito pouco escapou de ser preso. Num mau momento, citou os dizeres do cartaz na vitrine de seu estabelecimento. Quando uma cliente lhe perguntou por que já não tinha mais a mesma oferta abundante e variada de mercadorias de antes, ele respondeu: "Agradecemos a nosso Führer."

O antigo proprietário judeu de uma loja de confecções se dirigiu ao novo administrador, designado pelo partido, para lhe pedir ajuda. O novo responsável havia sido empregado do estabelecimento, tratado como um filho por mais de vinte anos. Em resposta ao pedido de socorro de seu ex-chefe, recomendou que se enforcasse. O conselho foi seguido dois dias depois.

10 de novembro de 1938
A Noite dos Cristais

Ontem as sinagogas arderam. Arderam na Alemanha. Arderam na Áustria. Arderam em uma parte da Tchecoslováquia. Quando havia perigo de que, ao serem incendiadas, o fogo se espalhasse para prédios vizinhos, foram simplesmente dinamitadas. A maioria dos estabelecimentos comerciais de judeus foi destruída. "Minha" sinagoga foi saqueada. Incêndio ou explosão eram arriscados devido a um grande tanque de gás que havia em frente. Livros de reza, manuscritos da Torá e mantos de oração foram espalhados pela rua, despedaçados. O livro que manteve os judeus unidos em suas diásporas por mais de 2 mil anos foi pisoteado por botas. O órgão não mais acompanharia nossos cânticos no *shabat* e nos feriados. Não haveria mais *shabat*, feriados ou cânticos. Só em casa, enquanto ainda tivéssemos uma casa, mamãe vai continuar a acender as velas do *shabat* e papai, a dizer as bênçãos sobre o pão e o vinho. *Lechem min Há'aretz. Borê P'ri Hagofen.* E então, como antes, minha mãe irá apanhar o livro de rezas impresso em alemão e lerá em silêncio, só para si, os capítulos intitulados "Boas-vindas ao *shabat*" e "A prece da mulher judia".

Os livros de rezas, os manuscritos da Torá e os mantos de oração da sinagoga foram atirados na rua. Amanhã talvez sejam arrancados das casas e lançados na rua. Nada mudaria para minha mãe. Ela seria capaz de dizer suas preces sem o livro.

1. JUVENTUDE EM NOVÝ JIČÍN

O cemitério judaico em Uherský Brod, sob o nazismo. (No muro à esquerda do portão lê-se: "Pereça, Judá!" [N.T.])
Ali estão sepultados meus avós Moritz e Kathi Gelb.

Segundo a versão dos nazistas, a destruição foi um gesto espontâneo de vingança da "fervilhante alma popular", uma reação ao assassinato de Ernst vom Rath, embaixador alemão em Paris, por Herschel Grynszpan, um judeu de dezessete anos. Por certo que a maestria dos responsáveis pela organização mereceria crédito ao fazer a "alma popular" fervilhar, de modo tão homogêneo e uniforme, em três países diferentes ao mesmo tempo.

Um carro de polícia aberto passa diante de nossa casa. Homens judeus estão sentados, vigiados por policiais de uniformes verdes. Dois dos policiais sobem a escada.

Informam a meu pai que ele será posto na prisão, sob custódia da polícia, para que nada lhe aconteça. Supostamente por causa da "fervilhante alma popular". Eu estou de pé, junto à porta. "Quantos anos tem este moleque?", pergunta o policial. Meu coração bate forte. Se minha mãe tivesse informado minha verdadeira idade, eu também teria sido levado para a prisão. A proteção não veio da polícia. Veio de minha mãe.

Dezembro de 1938

Os judeus foram libertos da prisão. Foram obrigados a assinar uma declaração em que se comprometiam a deixar o território do Reich alemão no prazo de oito dias e nunca mais voltar. E os homens cumprem. Meu pai segue de Nový Jičín para Uherský Brod, local de nascimento de minha mãe. Situado na Morávia do Sul, tornou-se conhecido por ser a terra natal de Comenius.[6] Somos obrigados a apresentar à Gestapo uma lista de todos os itens de nossa mudança para que nos deem autorização. O caminhão de mudanças já está pronto. Os funcionários da alfândega que supervisionam o encaixotamento de nossos objetos portam-se com correção. São velhos funcionários do Reich que já teriam desempenhado a tarefa à época da República de Weimar. Marie, nossa

---

6. Jan Amos Komenský (1592-1670) foi um bispo protestante da Igreja Morávia, educador, cientista e escritor tcheco. "Comenius", como é mais conhecido, é a forma latinizada de seu nome. [N.T.]

empregada doméstica tcheca, chora ao se despedir. "Não se chora por judeus", diz o marceneiro Jirgal que mora no mesmo prédio e observa nossa partida, não sem certo perverso prazer. Nos últimos anos, ele havia sido sempre tão gentil conosco. Brincávamos com suas filhas Minna e Hildegard no pátio. Talvez ninguém realmente chore por judeus.

2. Uherský Brod

A 27 de janeiro de 1939, deixamos nossa casa em Nový Jičín esperando poder levar uma vida livre do medo na parte não ocupada da Tchecoslováquia.

Nesse ínterim, papai conseguiu arranjar um apartamento muito velho, com dois cômodos e copa-cozinha, na praça Masaryk, 165. Para seis pessoas, o apartamento não é exatamente grande, mas estamos contentes por ter escapado. Recomeço a trabalhar no comércio de condimentos e de sementes de Rudolf Holz. Poucas semanas depois, presencio pela segunda vez a chegada de tropas alemãs. É a mesma cena que eu vira quatro meses antes em Nový Jičín. Bandeiras com suásticas são afixadas nos edifícios públicos. As motocicletas com e sem *sidecars* se enfileiram na praça principal, ao lado dos automóveis. Do dia para a noite, a praça Masaryk onde moramos se torna praça Adolf Hitler. Falta apenas o entusiasmo que havia em Nový Jičín. Em Uherský Brod, vivem apenas umas poucas famílias alemãs. Talvez as tropas estejam um pouco desapontadas, mas reconhecem a diferença: enquanto as expressivas populações alemãs dos territórios fronteiriços com a Alemanha se sentiam "libertos", a população tcheca se sente "ocupada". Exceto por alguns poucos fascistas tchecos.[7]

No verão de 1939 passei a trabalhar na construção de uma estrada pois, sob esse novo governo, aos judeus era permitido apenas o exercício de atividades manuais. A 1º de setembro de 1939, um gigantesco comboio de veículos militares atravessa "minha" estrada — é o início da invasão da Polônia pelos alemães.

Durante a noite arranquei seis cartazes iguais a esse na estação de águas de Luhatschowitz e os joguei no mato e num córrego. No dia seguinte, encontravam-se de novo no mesmo lugar de antes. (Lê-se em alemão e tcheco: "Proibido para judeus." [N.T.])

---

7. Contrariando as garantias em relação à independência do restante da Tchecoslováquia protocoladas no Tratado de Munique, Hitler impôs um acordo ao presidente tcheco Emil Hácha, em 14 e 15 de março de 1939. Tal acordo privava a Tchecoslováquia de sua soberania, anexando a totalidade do território ao Reich alemão sob o nome de "Protetorado Boêmia e Morávia" (a Eslováquia permaneceria "independente", como um Estado-satélite). [W.B.]

2. UHERSKÝ BROD

Minha irmã Käthe (de vestido claro) e sua amiga Erika Roth, em Uherský Brod em 1940.

1940

No antigo bairro judaico de Uherský Brod há muita discussão. Nos cafés, nas casas, mas raramente nas ruas. Apesar da *Blitzkrieg* (guerra-relâmpago) contra a Polônia, as pessoas estão otimistas. Um otimismo sem motivos visíveis. Um otimismo com uma função. Das oito da noite até o amanhecer, os judeus estão proibidos de sair de casa. Restrições a compras são decretadas: os judeus só são permitidos em estabelecimentos comerciais entre as 15 e as 17 horas. É proibido aos judeus entrar em parques. Trabalho agora na construção da estrada, perto da estação de águas de Luhačovice. Durante a semana, minha moradia é um barraco de madeira atrás do galpão de ferramentas. Apesar da proibição de sair após as vinte horas e de entrar em parques, vou ao parque municipal à noite. Conto as placas onde se lê: "proibido para judeus". São seis ao todo. Mais tarde, por volta das 23 horas, arranco todas do chão e lanço uma parte delas no mato e outra dentro de um córrego. Mas toda minha coragem foi inútil. Na noite seguinte, todas as placas estão de volta em seus lugares. Não tive coragem de fazer o mesmo uma segunda vez. Afinal de contas, não sou um herói.

Na verdade, o trabalho na construção de estradas não é tão ruim. É um trabalho construtivo em que há algo para se ver. A estrada atravessa uma floresta e há uma represa a apenas cinco minutos de distância de nosso alojamento. Depois do trabalho, podemos nos refrescar ali. E o parque municipal fica só a vinte minutos a pé. Eu simplesmente ignoro as placas com as proibições com a despreocupação dos meus vinte anos. Os colegas de trabalho, todos tchecos, são amigáveis e veem em mim uma pessoa de valor. Eles até me incluem nas tarefas em equipe, o que não deixa de ser um grande reconhecimento. E quando aprendo a praguejar do jeito certo, torno-me um deles.

2. UHERSKÝ BROD

Um dia, uma Mercedes conversível passa por nós levando três homens e duas mulheres. O carro vem da minha cidade natal. Reconheço um dos passageiros: é o filho de Piesch, o fabricante de sabão. O outro é o filho de um advogado. O grupo deve ter passado o fim de semana na estação de águas. Sigo o veículo com o olhar até ele desaparecer após uma curva. Com a pá, encho meu carrinho de mão e penso: no suor de sua testa...[8]

O trabalho na estrada não basta para sustentar toda a família. Nossas reservas já acabaram há tempos. A realocação de muitas famílias judias de Uherský Brod oferece a possibilidade de ganhos adicionais. Móveis precisam ser transportados, lenha precisa ser serrada e cortada.

Meu irmão Edi se torna aprendiz de sapateiro com o mestre Cingalek. Com treze anos de idade, ele monta sua bancada em um canto de nosso barracão de madeira. Karli Langer, de dez anos, é seu "aprendiz". Ele procura famílias judias e se oferece para consertar os saltos de seus sapatos, serviço feito por seu "mestre". Claro que seus preços eram mais baixos do que nas lojas Bata, obviamente de outra forma não tinha como concorrer com essa empresa de fama mundial.

O dia 20 de abril de 1939, aniversário de Hitler, possui um significado para mim, diferente daquele para os nazistas. É a data em que encontro meu primeiro amor. Viola

---
8. Expressão alemã que se refere ao versículo bíblico de Gênesis 3:19, em geral usada com sarcasmo. [N.E.]

tem dezoito anos e estou profundamente apaixonado. Ela vem de um lar judaico ortodoxo, mas sua rigorosa educação lhe parece exagerada e anacrônica. Nós nos encontramos às escondidas na periferia da cidade e, de lá, partimos em passeios com a motocicleta que ainda tenho o direito de manter, devido ao trabalho na estrada. Para uma filha de família ortodoxa, é uma ousadia sair com um rapaz. E andar de motocicleta é considerado algo impossível.

Em 1940, Viola se muda com sua família para Praga. Quando eu os visito lá, seus pais sugerem que emigre com eles para a Palestina. Penso em meus pais e irmãos, e decido ficar com minha família. Sou o filho mais velho e devo permanecer junto deles.

No fim de 1940, conheço Eva Bock. Ela se prepara para emigrar para a Palestina após concluir o estágio em uma propriedade rural, a *Hachshará*.[9] No início, estávamos sempre em companhia de outros jovens e conversávamos sobre política, literatura, filosofia. Também nos interessávamos por psicanálise. Freud e suas interpretações dos sonhos nos atraíam em especial. Era um caminho para ao menos nos livrarmos de parte de nossas inibições.

---

9. *Hachshará* é um termo hebraico, cujo significado literal é "adequação". Assim eram denominados os estágios destinados a preparar jovens imigrantes judeus que se dirigiam da Europa para a Palestina onde, no contexto dos assentamentos agrários organizados pela comunidade judaica já estabelecida na então colônia britânica, deveriam passar a se dedicar à agricultura, sobretudo nos *Kibutzim*, comunidades agrárias coletivistas. [N.T.]

2. UHERSKÝ BROD

Fingíamos compreender tudo e, com nossa sabedoria recém-adquirida, tentávamos impressionar as moças. Naquela época, não havia outras maneiras, então que fosse por meio da inteligência. E a concorrência era muito grande. Por comparação, falar sobre a construção de estradas seria pouco interessante.

Consigo impressionar Eva de fato. Gostamos muito um do outro e nos vemos todos os dias. Quando o tempo está ruim, eu a visito na casa de sua família e "ensino" estenografia a ela. Que sorte eu ser um bom estenógrafo!

O ano de 1941 traz poucas novidades para os judeus de Uherský Brod. A maioria dos homens com menos de 45 anos é recrutada para trabalhar. Atuam na construção civil e de estradas ou como ajudantes em empresas privadas. De tempos em tempos, a Gestapo faz incursões violentas. Alguns são capturados e levados ao presídio da Gestapo em Uherské Hradiště. De lá, são levados para campos de concentração.

Como os judeus estão proibidos de possuir aparelhos de rádio há algum tempo, as notícias mais recentes das emissoras estrangeiras são transmitidas pelos tchecos e discutidas no café Smetana, único local oficial de encontro dos judeus de Uherské Hradiště. Dentre outras, lembro-me de uma que relatava que os judeus deportados para o Leste e que passavam por Theresienstadt eram obrigados a trabalhar em minas de enxofre sem usar máscaras de proteção. Em consequência disso, acabavam envenenados.

Theresienstadt, antiga fortaleza e cidade militar, era o local de maior concentração dos judeus dos protetorados da Boêmia e da Morávia, e também da Alemanha.[10] Muitos permaneciam ali, principalmente pessoas mais velhas. Para a maioria, Theresienstadt foi apenas uma via de passagem a caminho de algum dos campos de extermínio da Polônia.

No início de 1942, a maior parte dos judeus de Uherské Hradiště é levada para Uherský Brod. As casas destinadas aos judeus ficam superlotadas, as provisões se tornam cada vez mais escassas e são bastante sombrias as notícias que chegam sobre os deportados.

Ainda assim, Eva e eu tentamos fazer pouco caso da grave situação. É fácil quando se é jovem e confiante. Estamos apaixonados e acreditamos na sorte. Apesar das ameaças, fazemos planos para nossa vida futura. Depois do trabalho até o toque de recolher às 20 horas, temos apenas uma hora para ficar juntos, conversar e sonhar. Não queremos infringir o toque de recolher. Nossos amigos Ilse Jellinek, Ernst Schön e Adolf Rosenfeld já haviam sido presos por esse motivo.

---

10. Theresienstadt tinha um estatuto particular no contexto da política judaica no nazismo. Em primeiro lugar, funcionava como campo de concentração e de passagem para os judeus do protetorado que eram então deportados dali para o Leste. Da primavera de 1942 em diante, tornou-se sobretudo um "gueto de idosos", destinado a judeus proeminentes e privilegiados do Reich. Mas, na prática, as chances de sobrevivência ali não eram maiores do que nos demais campos, como mostra o balanço: dos 141 mil judeus aprisionados, 80 mil foram deportados, em sua grande maioria exterminados, enquanto cerca de 35 mil pessoas morreram em Theresienstadt. Cerca de 17 mil pessoas foram ali encontradas e libertadas pelo Exército Vermelho a 7 de maio de 1945. [W.B.]

2. UHERSKÝ BROD

Casamento com Eva Bock (nascida a 13 de janeiro de 1921) em 24 de setembro de 1942, em Uherský Brod. Eu a vi pela última vez na rampa da morte de Auschwitz-Birkenau.

Em 1942, os transportes para o gueto de Theresienstadt estão a todo vapor. Hoje são organizados em uma cidade, amanhã em outra. Não há escapatória. Para nós também não. Um homem de Uherský Brod tem contatos que atravessam judeus pela fronteira para a Eslováquia mediante pagamento. De lá, talvez fosse possível fugir para a Palestina, passando pela Hungria e pela Turquia. Meu irmão Erich dá o endereço desse intermediário a um jovem chamado Lazarowicz. Três dias depois, meu irmão é preso. Em seguida à audiência, é levado para o presídio da Gestapo em Uherské Hradiště e de lá para

Brno, para o infame Kauntiz-Kolleg[11] — presídio que aplica métodos de tortura semelhantes aos da fortaleza medieval de Spielberg, do outro lado da cidade. Será que algum dia voltarei a ver Erich?

Minha mãe chora muito. Nós a consolamos tanto quanto possível. No início de setembro, Eva e eu decidimos nos casar. Queremos permanecer juntos mesmo depois do transporte. Vamos à procura do rabino e resolvemos as formalidades. A cerimônia de casamento se dá de acordo com as circunstâncias. Acima de tudo, sentimos a falta de meu irmão preso, sem sequer saber se ainda estaria vivo.

Mudamos para um quarto sublocado. Na verdade, para a metade de um quarto. A outra parcela, separada da nossa por um biombo, pertence ao dono do apartamento. Em nossa fantasia, planejamos uma esplêndida lua de mel em um país distante após o término da guerra. Sonhamos e sonhamos. Não vemos o perigo que se aproxima de nós. Não queremos vê-lo. Nós nos amamos e, por um instante, esquecemos a guerra, os transportes, as prisões da Gestapo.

A 24 de janeiro de 1943, chega nossa hora. A intimação do serviço de segurança em nossas mãos põe fim aos muitos meses de apreensão. Devemos nos apresentar na manhã do dia 27 de janeiro em uma escola próxima à estação de trem. Precisamos levar conosco todos os documentos, bem como um inventário de nossos pertences a serem

---

11. Uma antiga residência de estudantes na capital da Morávia, transformada em presídio da Gestapo. [N.T.]

deixados no apartamento. Os últimos preparativos são providenciados em casa. Como jovens, não sentimos naquele momento que nosso destino será particularmente ruim. O mesmo destino atinge a todos, estamos juntos, podemos trabalhar, sempre trabalhamos. E em Theresienstadt — ninguém quer pensar mais além — temos muitos conhecidos, parentes e amigos. Lá não poderá haver menos comida do que temos agora.

Chegando à escola, somos divididos por diferentes salas de aula. Registrados, recebemos uma ficha pessoal contendo todos os nossos dados que irá nos acompanhar de agora em diante. No fim da tarde, embarcamos num trem de passageiros para Theresienstadt. Pela primeira vez em minha vida, sou numerado. O número pendurado em meu pescoço é CP 510.

3. Theresienstadt

Minha família no ano de 1938. Na fileira superior a partir da esquerda: os irmãos Edgar, Erich (assassinado a 15 de fevereiro de 1943), eu e Ernst (assassinado a 7 de março de 1943).

Na fileira inferior: meu pai Jakob (assassinado a 2 de fevereiro de 1943), minha irmã Käthe (assassinada a 25 de fevereiro de 1943) e minha mãe Margarethe (assassinada a 2 de fevereiro de 1943).

Só meu irmão Edgar e eu sobrevivemos.

Fim de janeiro de 1943

Eclusa. Alojamentos. Área de trânsito. Leitos de palha. Nomes perdidos. Deportação para o Leste. Mudança para outro alojamento. Por uma noite. Leitos de palha. Sob uma arcada úmida. Gente abarrotada. Não, não gente, "sub-humanos".

O Leste. Operação de trabalho, é o que dizem. Exceto por meu irmão Erich, preso em 1942, estamos todos juntos: meus pais, minha mulher, meus dois irmãos, minha irmã, minha cunhada. Em oito dias completarei 23 anos. Há quatro anos estou acostumado a trabalhar em pedreiras e na construção de estradas. Nas últimas semanas trabalhei em uma serraria. O pensamento me tranquiliza. As coisas não haverão de ser tão ruins assim. Papai pensa como eu. Sempre pagou seus impostos em dia. Pelo rei e imperador da Áustria, combateu no *front* por três anos durante a Primeira Guerra Mundial. Nunca em sua vida fez nada de errado.

Números de transporte são distribuídos e pendurados no pescoço. Meu número agora é CU 290. Mil mulheres, homens e crianças se arrastam. Para Bohušovice. Um trem de passageiros nos aguarda. Somos chamados um a um. Embarcamos. Dez em cada compartimento. Não pode ser tão ruim assim: trem de passageiros.

O Leste — operação de trabalho. Operação? Por que não dizer simplesmente "trabalho"? Partida. São nove da manhã. Vemos escombros. Ouvimos o alemão no dialeto da Saxônia. Encontramos notas na parede do vagão. Partida de Theresienstadt às nove horas. A seguir Dresden,

3. THERESIENSTADT

Bautzen, Görlitz, Breslau, Brig, Oppeln, Hindenburg. Depois, nada. Dia e noite. Ao longo do caminho, vemos judeus. Em trajes civis. Com uma estrela amarela costurada sobre o peito. Com pás. Jogamos pão pela janela. Lançam-se sobre ele. Operação de trabalho? Nós também ficaremos assim? Barganhar? Atacar? Mais um dia. E a metade de uma noite. O trem para com um rangido. Mil homens, mulheres, crianças. A tropa de acompanhamento cerca o trem. Devemos ainda permanecer dentro dele. Não demora muito. Uma coluna de caminhões se aproxima. De súbito, holofotes fortíssimos iluminam a rampa. Oficiais da SS e guardas a postos. Estamos na rampa da morte de Auschwitz-Birkenau.[12]

---

12. O campo de concentração de Auschwitz-Birkenau consistia de três complexos com 38 campos periféricos. Auschwitz (I), construído a 20 de maio de 1940, era o campo principal e central. Auschwitz II (Birkenau) funcionou a partir de 26 de novembro de 1941 e como campo de extermínio a partir de janeiro de 1942, em cuja rampa de chegada ocorria a "seleção" para as grandes câmaras de gás. Auschwitz III (Monowitz) funcionou, a partir de 31 de maio de 1942, como campo de trabalho para a fábrica Buna do conglomerado IG-Farben. [W.B.]

4. Auschwitz-Birkenau

Meia-noite de 1º para 2 de fevereiro de 1943
Rampa da morte

Desçam todos! Deixem todos os seus pertences! Pânico. Cada um tenta enfiar o que pode nos bolsos. Os SS gritam: mexam-se! Mais rápido! Veste-se mais uma camisa. Mais um pulôver. Cigarros. Talvez sirvam para ser trocados por alguma outra coisa. Homens deste lado. Mulheres do outro. Mulheres com crianças direto para os caminhões. Homens e mulheres que tenham dificuldade de caminhar também para os caminhões. Muitos seguem para lá.

Os restantes são divididos em fileiras de cinco. Uma mulher tenta vir para o nosso lado. Deve querer falar com o marido e o filho. Um SS a derruba com uma bengala que põe sobre sua garganta. Ela permanece no chão. É arrastada para longe dali. Operação de trabalho?

Um oficial da SS se posta diante de nós. Um *Obersturmführer*.[13] Um guarda se dirige usando esse título.

---
13. Patente da SS cujo significado é Comandante Superior de Assalto. [N.T.]

Parece se tratar de um médico. Sem jaleco branco. Sem estetoscópio. Com um uniforme verde. Com a insígnia de caveira e ossos. Alguns se adiantam. Sua voz é tranquila. Quase por demais tranquila. Pergunta idade. Profissão. Condição de saúde. Manda mostrar as mãos. Ouço algumas das respostas.

Chaveiro — esquerda.
Administrador — direita.
Médico — esquerda.
Operário — esquerda.
Estoquista da empresa Bata — direita.
É um conhecido nosso, Büchler, de Bojkovice.
Marceneiro — esquerda.
Então chega a vez de meu pai. Ajudante.
Ele segue o mesmo caminho do administrador e do estoquista. Tem 55 anos de idade. Deve ser esse o motivo.

É minha vez. Vinte e três anos, saudável, operário da construção de estradas. Tenho calos nas mãos. Como é bom ter calos! Esquerda.

Meu irmão Ernst: dezenove, eletricista — esquerda.
Meu irmão Edgar: dezessete, sapateiro — esquerda.
Tento descobrir onde estão minha mãe, esposa, irmã, cunhada. É impossível. Muitos veículos já partiram.

Somos posicionados em fileiras de três. Um guarda da SS pergunta quem tem cigarros tchecos. Eu lhe dou alguns. Ele responde às minhas perguntas. As crianças vão para o jardim da infância. Os homens podem visitar suas mulheres aos domingos. Só aos domingos? Mas isso basta? Terá de bastar.

4. AUSCHWITZ-BIRKENAU

Marchamos. Por uma via estreita. Vemos um quadrado bem iluminado por holofotes. Em meio à guerra. Sem blecaute. Torres de vigia com metralhadoras. Cercas duplas de arame farpado. Holofotes. Barracões. Guardas da SS abrem um portão. Marchamos através dele. Estamos em Birkenau.

Permanecemos em pé diante de um barracão por dez minutos. E então permitem nossa entrada. Do transporte de mil homens, mulheres e crianças, restam 155 homens. Há vários prisioneiros sentados junto a mesas. Devemos entregar nosso dinheiro e objetos de valor. Do contrário, haverá severas penalidades. Arranco um pedaço do meu colarinho. Dentro dele, uma nota de dez dólares. Recebida de meu sogro. Para um momento de necessidade. Os nomes são registrados. Pergunto se devo conservar o cartão numerado. Respondem que não. Receberemos novos cartões. Saímos. Vamos a outro barracão. Despimo-nos em uma das dependências. Só mantemos conosco sapatos e cintos. Todo cabelo é raspado. Por causa dos piolhos. Somos pulverizados com Cuprex. Levam-nos a uma outra área muito aquecida. Somos colocados sobre degraus. Como em uma sauna. Estamos despidos e nos alegramos com o calor. Nossa aparência é estranha. Engraçada. Carecas. Com cintos ao redor da cintura e sapatos nos pés. Um prisioneiro de uniforme listrado entra. Apresenta-se. Perguntamos sobre as mulheres, as crianças. "Partem pela chaminé!" Não compreendemos o que quer dizer. Achamos que possa ser um sádico. Não perguntamos mais nada.

O calor aumenta cada vez mais no ambiente. De repente, abre-se uma porta de ferro que conduz a um recinto contíguo. Prisioneiros gritam: Mexam-se, depressa! Como os SS na rampa. Essa parece ser a linguagem do *Lager*.[14] Somos conduzidos a pauladas para debaixo dos chuveiros. O recinto é gelado. A água é gelada. Depois da sauna quente. Quem tenta escapar do jato de água fria toma uma paulada. Passados dez minutos, a água é desligada. Não há toalhas. Há roupas. Usadas, estranhas. Roupas civis com uma grossa listra vermelha pintada nas costas do paletó e uma listra em cada uma das pernas da calça. Parece ser tinta a óleo. Há um paletó, calças, cueca, camisa, meias. Não há casaco. Nem boina.

2 de fevereiro de 1943

Meu irmão Edgar é muito alto. Tem 1,86m. As mangas de seu paletó ficam curtas. Curtas demais. Ele pede para trocar. Leva um soco na cara. Cai no chão de cimento. Eu o ajudo a se levantar. O paletó continua o mesmo. Então isso é uma operação de trabalho. Por quanto tempo alguém é capaz de suportar?

Saímos. Esperamos por meia hora. A porta da sala de desinfecção está aberta. Vemos dois prisioneiros. Eles apalpam as peças de roupa em busca de dinheiro escondido

---

14. *Lager* é como são denominados em alemão os campos de concentração e de extermínio. [N.T.]

4. AUSCHWITZ-BIRKENAU

e objetos de valor. O dinheiro é lançado em um monte. Sobretudo, notas de dólar. Aqui parecem não ter valor algum. Esperamos passando frio. Por fim, seguimos. Marchamos. Entramos em um novo bloco. Há beliches de três andares. Um estrado para cada seis prisioneiros. Os *Stubendienste*[15] berram: Marchem! Marchem! Já para as camas! Deixem os sapatos embaixo. Subimos nos estrados. Estrados de madeira nua, sem palha nem cobertores. É impossível dormir. Alguém sugere que rezemos. Rezamos. *Shemá Israel...*[16]

De pé! Mexam-se!, gritam os *Stubendienste*. Alguns de nós procuram desesperados por seus sapatos. Muitos não os encontram. Em seu lugar, há sapatos velhos que não servem. Pergunta-se aos *Stubendienste*. Socos são a resposta.

Todos estamos preocupados: onde estão nossos pais, mulheres, irmãos? Onde estão as crianças? Onde?

Nós nos alinhamos diante do bloco. Congelamos. Ainda está escuro. O chão está enlameado. À esquerda, arame farpado. Eletrificado. Caveira e ossos. Abaixo: "Perigo". Estou perplexo. Vamos receber pás. Para cavar nossas próprias covas. É o que penso. Meu irmão mais novo me consola. Eu é que deveria apoiá-lo. Arame farpado eletrificado. Basta tocá-lo e pronto. Não vai doer nada. Meu irmão me pergunta: você quer me deixar sozinho?

---

15. *Stubendienste* eram os vigias encarregados de manter a ordem dentro dos barracões-dormitório. O termo corresponde, em português, a servente ou camareiro. [N.T.]

16. Essas são as primeiras palavras do *Shemá*, uma das mais importantes orações na tradição judaica que é também proferida ao deitar-se. [N.T.]

O primeiro da fila! Para a direita! Bando de porcos! O *Blockälteste*[17] grita. Os *Stubendienste* gritam. Tentam arrumar as fileiras distribuindo socos. Um SS se aproxima. O *Blockälteste* informa o número. Quantos somos. Somos contados. Ficamos à espera por mais meia hora. Marchamos em direção a outro barracão. Entramos. Olhamos ao redor. O barracão está totalmente vazio. Um outro grupo chega poucos minutos depois. Judeus da Polônia. De Pruszana. Trazem uma mesa. Muitos prisioneiros com uniformes listrados se aproximam. Com fichários. Com agulhas para tatuar. Nomes são chamados. Pela última vez. Depois, só irão valer os números. O antebraço esquerdo é nossa placa de identificação. Edgar, 99.727; eu, 99.728; Ernst, 99.729. Nossa marcação a ferro. Como gado. Para que não se perca. Os prisioneiros com as agulhas de tatuar são muito habilidosos. Por experiência. Adquirida depois de 99.728 vezes.

Esperamos por mais uma hora. Saímos, fazemos fila. Voltamos a marchar. Em direção a outro *Lager*. Duas infinitas fileiras de estábulos. Impossível não ver. Lama por toda parte. O *Lager* está vazio. Então somos os pioneiros. A visão é um tanto fantasmagórica. Duas longas fileiras de barracões, lama, arame farpado. De longe, ouve-se o ruído de caminhões a diesel. *Tuk, tuk, tuk, tuk*... Reconhecemos as camas. Três andares. Para seis pessoas. Sem cobertores. A madeira nua. Mandam-nos para a cama. Aqui, quem dá as ordens é o *Blockälteste*. Um alemão do

---

17. Literalmente, "o mais velho do bloco", como eram denominados os líderes de cada barracão de prisioneiros. [N.T.]

Reich de uniforme com triângulo verde: um criminoso.[18] Ele se dirige a nós. Birkenau não é um sanatório: disciplina, limpeza, trabalho duro. Só assim se sobrevive.

Há portões nas extremidades do longo barracão. De um lado, está o quarto do *Blockälteste*. Para lá são também levadas as provisões: pão, margarina, geleia, sopa, um caldo negro chamado de café ou chá. No outro extremo, há um banheiro. Um dos prisioneiros é designado como mestre da merda. É o encarregado pela ordem e limpeza da latrina. Desde a noite anterior, não recebemos nada para comer. Agora era meio-dia. Há duas horas estamos de pé entre os dois blocos, sem fazer nada. Balançamos os braços, saltitamos para não congelar. É início de fevereiro e estamos sem casacos. Sem gorros. Sem comida. Sem pais. Sem irmãos, esposas. Sem lar. Sem ajuda. Sem esperança.

Chega o momento do *Appell*[19] da noite. Faz uma hora que estamos treinando alinhamento. Alto! Mexam-se! O *Blockführer*[20] está vindo. É um suboficial da SS. O *Blockälteste* informa o número. Quantos somos. Somos contados.

---

18. Os prisioneiros nos campos de concentração eram divididos em diferentes categorias e para cada uma delas correspondia uma cor diferente de triângulos de pano bordados em suas roupas: vermelho para os prisioneiros políticos, verde para os criminosos (criminosos profissionais), preto para "antissociais", rosa para homossexuais e lilás para as Testemunhas de Jeová, dentre outras. [W.B.]

19. *Appell*, termo militar que significa chamada ou ordem unida, refere-se a situações em que os prisioneiros eram obrigados a se pôr em pé e enfileirados diante de seus barracões, às vezes por horas a fio, sob chuva ou neve, a fim de serem contados, instruídos ou simplesmente castigados. [N.T.]

20. Líder do bloco. [N.T.]

Depois do *Appell*, entramos em nosso bloco. Recebemos uma ração de pão. A sexta parte de um pão preto. Dizem que se trabalharmos receberemos mais. Uma colher de sopa de geleia de beterraba e um caldo preto. Os bons modos à mesa desapareceram. Passadas 24 horas. A maioria de nós come com voracidade. Eu também. Conversamos. Falamos sobre camaradagem, solidariedade. Nossos irmãos de Pruszana se mantêm juntos. Nós também. Um instinto desenvolvido ao longo de 2 mil anos. Nós nos unimos. Ainda assim somos dois grupos distintos. Um do Ocidente, outro do Oriente. Nossos sotaques são diferentes. Talvez nossos modos de vida também. Modos de vida?

    Lá fora já é noite fechada. Um apito estridente quebra o silêncio. Gritos vêm em nossa direção. Vigias, a postos! A partir de agora não é permitido sair do bloco. Quem desobedecer será morto a tiro. Os guardas são bons de mira. Começou a primeira noite de quarentena no *Lager*. Obedecendo às ordens dos *Stubendienste*, subimos nos beliches e nos apertamos uns contra os outros. Para nos aquecermos. À minha direita está Bobek Alt, à minha esquerda, meus dois irmãos. Eu choro e rezo. Ambos em segredo. Dentro de quatro dias, terei 23 anos. E choro. Meus pais… *Shemá Israel Adonai Elohenu…*

3 de fevereiro de 1943

De pé! Mexam-se! Os *Stubendienste* correm entre as fileiras de beliches, carregando bastões curtos nas mãos.

4. AUSCHWITZ-BIRKENAU

Por enquanto, golpeiam os beliches, como uma espécie de gongo. Lavem-se! Seguimos dois blocos adiante. Lá tem uma torneira ao ar livre. Não sai água. Talvez tenha congelado nos canos. Voltamos para o nosso bloco. Há caldo preto. Mais nada. Depois fazemos fila para o *Appell*. Como na noite passada. É grande a diferença de temperatura entre o campo e o interior do bloco e a sentimos sobretudo pela manhã. Se estamos gelados, e com frequência estamos gelados, nós nos abraçamos e esfregamos as costas uns dos outros com as mãos. Esfregamos até ficarmos aquecidos e cansados. Fazemos fileiras de cinco. Permanecemos de pé, esperando. Uma hora. O *Blockälteste* aparece. Os *Stubendienste* nos observam de todos os lados e formam a fileira da frente. É um tipo de hierarquia. Fazem esse serviço em troca de um pedacinho de pão. E mesmo um pedacinho significa muito em Birkenau. Pão é a palavra mais usada em nossas conversas. Quando alguém diz pão, todos ouvem atentos. Estamos à espera de pão desde que nos levantamos. Talvez logo começaremos a trabalhar, e então haverá mais pão.

O *Blockführer* chega. Alto! Bloco 18, marche, com tantos e tantos prisioneiros!, anuncia o *Blockälteste*. Seu anúncio é curto e incisivo. É preciso gravar bem esse tom. Todos os "veteranos" falam desse modo. Uniforme, sim, deve ser o uniforme. Ainda que seja apenas o uniforme de prisioneiro. De um prisioneiro com triângulo verde. Todos ainda estão vivos. A conta fechou. Mexam-se!

Ficamos sentados do lado de fora até a hora do almoço. Então tomamos sopa de beterraba. Recebemos tigelas de lata onde cabem três quartos de litro. À tarde, nos dão tiras de linho, agulhas e uma linha dupla reforçada. Escrevemos nosso número de prisioneiro sobre o tecido. Na frente dos números, desenhamos uma estrela de David. Agora estamos apropriadamente numerados. Na pele e no paletó. É uma tarde tranquila. A torneira está funcionando. Há água, mas só para se lavar. Nós a bebemos mesmo assim. Lavamos só o rosto e as mãos. Não há toalhas.

4 de fevereiro de 1943

O terceiro dia nos traz algo de novo. Depois do *Appell*, permanecemos em pé entre os blocos 18 e 19. Mudamos para o 19. O 20 também está ocupado. Um transporte de judeus de Berlim. Números tatuados — 100 mil. Onde estão os 99 mil? Onde? E dentre os que chegaram, quantos nem sequer foram registrados?

Agora há três blocos ocupados. Três vezes 400 — são 1.200. A população de uma aldeia de dimensões consideráveis — em três estábulos. Durante o dia, a lama congelada derrete entre os blocos. Chamam para uma inspeção de piolhos: tirem a camisa. Procurem por piolhos! Risco de febre tifoide. Por isso, a quarentena. Procuramos. Não encontramos. Chega um médico prisional. Procura também por piolhos. Como nós, não encontra nenhum. Chega o *Blockälteste*. Em fileiras de três! Bloco 19, em frente, marche! É difícil avançar na lama. Ele nos manda correr. Por causa da lama, volta atrás. Meu vizinho,

4. AUSCHWITZ-BIRKENAU

o doutor Rabonivitch, perde suas galochas. Ele está sem sapatos. Os dele foram roubados. É impossível arrancar as galochas da lama. Agora ele está correndo — os pés envoltos em trapos. Ele também os perde. Não, agora não sentimos frio. O movimento e o nervosismo sobre o que acontece ou irá acontecer nos mantêm aquecidos.

Será que Erwin Rosenblum, a quem todos chamam de Ružička, que significa rosinha[21], ainda pensa no Grand Hotel Pupp de Karlsbad e nas finas refeições com as quais ali se deliciou antes da guerra?

Hoje cedo ele nos deu uma verdadeira palestra sobre sua temporada em Karlsbad. Alguns consideraram aquilo sadismo. Outros mais condescendentes deixaram que recordasse aqueles prazeres. De uma época sem arame farpado. Sem lama. Sem fome.

Agora estamos aqui. Uma cerca de arame farpado. Em meio a uma grande cerca de arame farpado. Em um ponto, há uma passagem a 50 centímetros acima do chão. É possível se abaixar e passar. Rastejamos. Para o *Blockälteste*, somos lerdos demais. Ele nos ajuda com chutes. Estamos numa trincheira. Prisioneiros em uniformes listrados retiram cascalho. Emaciados. Esquálidos. Com feridas sangrando. Um *Kapo* grita e bate nos prisioneiros com o cabo de uma pá. Na verdade, são esqueletos ambulantes. Vamos ficar assim também?

Mexam-se, grita o *Blockälteste*. Tirem os paletós! Vistam ao contrário! Abotoamos os paletós uns dos outros. Os botões estão agora nas costas. Que loucura, penso.

---

21. O sobrenome alemão Rosenblum significa flor de roseira. [N.T.]

Devemos encher as costas do paletó com cascalho. Com as mãos. Alguns não pegam cascalho suficiente. É o que diz o *Blockälteste*. E chuta os prisioneiros na barriga. Mais cascalho. Enfim ele se dá por satisfeito. O *Kapo* da trincheira se aproxima da cerca de arame farpado. Temos de rastejar. Com o cascalho. Não é fácil. Se apoiamos as mãos no chão, o cascalho cai. Cada um que rasteja toma uma ou duas pauladas. Do *Kapo*. Com o cabo da pá. Quem derruba o cascalho é obrigado a voltar. Mais cascalho. Mais golpes. Por quanto tempo poderemos suportar isso?

De volta ao bloco. O cascalho é jogado entre os blocos 18 e 19. Para que a lama seque. Quatrocentos prisioneiros — quatrocentas pás de cascalho. Uma gota d'água sobre pedra quente. Esse jogo sem sentido ainda se repete mais duas vezes.

5 de fevereiro de 1943

Somos obrigados a recolher cascalho mais duas vezes. Agora já não me parece mais tão ruim. Tudo é uma questão de hábito. A pessoa também se acostuma a apanhar. Quando retornamos, o *Lagerkapo* nos aguarda. Um dos antissociais, tem um triângulo preto no uniforme. Ele imaginou um jogo estranho. Corredor polonês. Com o cascalho. Duas fileiras de prisioneiros, dez de cada lado, frente a frente. Com cabos de pás nas mãos. Os demais são obrigados a correr entre eles. E apanhar. Devo ficar em uma das fileiras dos espancadores. Apesar de fazer o movimento, não golpeio realmente. Não percebo que o *Kapo* está me observando. Caio sob um golpe de sua pá. Minhas costas doem. Faço muito mais com dez berlinenses do que com vocês, bando de porcos!

Assim é a quarentena. Uma espécie de teste de admissão. Uma elite. Uma elite de esqueletos. Sem poder demorar muito mais. Estamos bem encaminhados. A dieta líquida e pobre em calorias e a água não potável causam diarreia. É grande a demanda pelos únicos dois assentos da latrina. O mestre da merda não passa necessidade. Quem lhe dá uma fatia de pão passa na frente. Quem não tem pão, espera. Até ser tarde demais. Desse dia em diante, aprende-se a guardar sempre um pouco de pão. O pedágio.

Os doentes se ajoelham diante das portas da estufa e apanham algo de seu interior. A madeira queimada supostamente substitui o carvão medicinal. E assim começa uma briga entre as pessoas, apinhadas diante da estufa.

Fazemos fila para o *Appell* da noite. Então recebemos pão e margarina. E cobertores. Cobertores de verdade. Cobertores estampados. Não há cobertores lisos. Eles provêm de um transporte vindo da Holanda. As etiquetas costuradas são a prova. Cada um de nós recebe um cobertor. Todos estão contentes. Talvez precisem mesmo de nós. O Leste — a operação de trabalho. Temos cobertores. Dois cobertores colocados um sobre o outro aquecem melhor. Bobby Alt e eu dormimos sob dois cobertores. Cobertores quentes. Da Holanda.

Cobertores cujos donos talvez não estejam mais vivos. Agora, podemos até mesmo tirar nossas roupas. Dobradas, servem como travesseiros.

6 de fevereiro de 1943

Hoje faço 23 anos. Meus irmãos me cumprimentam. O próximo aniversário em liberdade! Os amigos se juntam a nós. Para mim, é difícil conter as lágrimas. A dureza das condições não endurece uma pessoa. Pelo menos não a mim.

Appell. Inspeção de piolhos. Apanhar cascalho. Golpes. Perto da hora do almoço, ouvimos uma grande gritaria vinda do bloco vizinho. Um prisioneiro cortou um pedaço de seu cobertor para com ele envolver seus pés. Os três blocos, marchem! Todos por um, grita o *Blockälteste*. Sabotagem! Praga do povo! O sabotador foi castigado até cair diante de seu bloco. Ele não viverá por muito mais tempo. Marchamos entre os blocos enfileirados, pela larga e lamacenta via principal do *Lager*. O *Lagerälteste*[22], os *Stubendienste* e os *Blockälteste* correm nervosos, de um lado para outro, aos gritos. Empurram e batem. Estão satisfeitos. Não pode ser um *Appell* extraordinário. Todos estão juntos. Confusão. A tensão aumenta. O que

---

22. O prisioneiro-funcionário que alcança a posição mais alta, líder do campo. [N.E.]

vai acontecer agora? O *Lagerälteste* de triângulo preto assume o comando. Alto!

E ameaça com pauladas, com o *Stehbunker*[23] e privação de comida caso um episódio semelhante volte a ocorrer. Agora nos manda fazer flexões. De pé! Agachados! De pé! Agachados! De pé! Agachados! Por enquanto, essas são as ordens que recebemos. Tentamos usar as tigelas de metal que pendem de nossos cintos como assentos. Quem é apanhado fazendo isso é agredido. Passada uma hora, tombam os primeiros. Os *Stubendienste* ajudam com pauladas. Frio, fome, as flexões de joelho. Sete horas mais tarde permitem que voltemos para os blocos. Os que ficaram no chão são arrastados para o lado. Colocados diante do bloco. Não mais precisarão se apresentar para o *Appell*. São contados deitados. Tratados como mortos. O escriturário do bloco toma nota de seus números. Mais porções de ração irão sobrar para os *Blockälteste* hoje. E também de margarina. Ou de salsichão. Sim, foi meu 23º aniversário. Não irei esquecê-lo tão depressa.

7 de fevereiro de 1943

Muitos têm febre. Quem precisa ir ao médico?, pergunta o *Stubendienst*. Vários se manifestam. Ficam encostados na parede externa do bloco vizinho. Alguns se sentam.

---

23. Cela solitária subterrânea na qual o prisioneiro só tem espaço para ficar em pé. [N.T.]

Esperam por uma hora. Ou mais. Todos perdemos a noção do tempo. Só distinguimos se está claro ou escuro. Ainda não houve um dia de sol. Só nuvens. Por trás dessas nuvens cinzentas é impossível supor que haja sol. Os doentes são agora levados embora. Com dificuldade, eles se arrastam pela lama. Não voltamos a vê-los.

O *Blockälteste* acha que de nada serviu apanhar cascalho. O espaço entre os blocos continua enlameado. Marchamos hoje em outra direção. Não temos de vestir os paletós ao contrário. Marchamos em direção a um peculiar canteiro de obras. Prisioneiros veteranos, com os quais conseguimos conversar por um instante, sussurram e nos revelam um segredo: crematório. Estação final. Um punhado de cinzas. Espalhadas sobre os campos de um país desconhecido.

Pegamos quatro tijolos de cada vez. É preciso fazer isso em segredo. A isso se chama organizar. Não é fácil carregar quatro tijolos de uma vez. Não no estado em que nos encontramos. Nem todos eram operários de construção. Quando se está em liberdade, os tijolos não são tão pesados. Um caminho de tijolos deve ser feito ao redor do bloco. No lugar do cascalho. Para nós. Desta vez, há menos pancadas.

Doutor Beck, de Uherský Brod, ficou escondido dentro do bloco hoje. Com febre alta, está deitado no estrado inferior. Na hora do *Appell*, nós o carregamos para fora e o mantemos em pé. No dia seguinte, está moribundo. Dois prisioneiros tentam tirar seus sapatos. Ele tem bons sapatos. Sapatos significam muito. Em meio a esta lama. Em meio a este frio. Os prisioneiros trocam golpes.

4. AUSCHWITZ-BIRKENAU

O mais forte vence. Poucos minutos depois, o doutor Beck já não vive. Dizemos o *Kadish*, a reza dos mortos. Ele é posto diante do bloco. Contado na hora do *Appell* junto conosco. Ele não é o único. Muitos mais o seguem de outros blocos. Um comando de transporte de cadáveres se aproxima. Assim é todos os dias. Cada vez mais. Golpes. Diarreia. Febre. Agora sei o que a quarentena significa. Uma peneira com frestas grandes. Muitos caem.

Assim se passa um dia após o outro. Mortos. Mortos. Mortos. A fome e a água reduzem nossas fileiras. Judeus holandeses chegam para ocupar os lugares vazios em nosso bloco. Morrem como moscas. Os judeus da Polônia são os mais resistentes. Muitos são trabalhadores braçais ou operários. Fisicamente também estão em melhores condições. Não são delicados como os holandeses, tchecos ou eslovacos.

Passa-se o dia em pé entre os blocos, em meio a inspeções de piolhos, comendo. Os prisioneiros que ainda não estão de todo esqueléticos são enviados para buscar comida. Muitas vezes tentam pegar algo de dentro do caldeirão sem que ninguém veja. Batatas são mais fáceis de "organizar". Enfia-se uma na boca. Claro que há pancadas para isso também. É algo levado em conta.

O vigia noturno do bloco soa o alarme. Um prisioneiro de Pruszana se insinuou no quarto do *Blockälteste*. Dois cubinhos de margarina são seu butim. Os gritos, causados pelas pancadas do *Blockälteste*, despertam o bloco inteiro. Amanhã ainda vamos ver! Trêmulo, o larápio galga seu beliche. Ele só quis roubar o que já tinha sido roubado. Roubado das rações dos prisioneiros — pelo *Blockälteste*.

Depois do *Appell* da manhã, um espetáculo é apresentado. O bloco marcha. A arena é o espaço entre os blocos 18 e 19. O tigre é de um bloco vizinho, um *Blockältester* do tamanho de uma árvore. Sua pata é abominável. Quando se decide a bater, veste luvas de couro. Pelo efeito. O efeito sonoro. Até hoje, vi apenas um que não tombou depois de receber um murro do homem-árvore. E realmente não valeu a pena. O malogro enfureceu o homem de soco poderoso. Seu prestígio havia decaído. Ele nunca trabalhava sem plateia.

O primeiro a falar é o *Blockälteste*. É isso o que acontece com alguém que... rouba dos próprios camaradas... De olho roxo, o delinquente está diante de todo bloco. A dez metros de distância dele, há uma fossa. Com cerca de três metros de profundidade. Com água do subsolo. Nesse dia, o chão está enlameado. A pata do tigre se ergue para desferir o primeiro golpe. Acerta. A vítima cai. Isso se repete várias vezes. Agora está a apenas dois metros da fossa. Entendemos a intenção. No melhor dos casos, mais dois golpes. Não, um bastou. Aos gritos, nosso companheiro de prisão cai na fossa. Ninguém tem permissão para ajudá-lo. Uma hora depois, nós o vemos subindo da fossa todo enlameado.

Um médico prisional aparece a cada dois ou três dias. O bloco inteiro deve se apresentar, as camisas são examinadas em busca de piolhos. Pomos as línguas para fora. Quem tiver algum tipo de secreção na língua tem seu número anotado e é conduzido supostamente à enfermaria no campo principal de Birkenau. Muitos são levados. Ninguém volta. Nossas fileiras diminuem.

5 de março de 1943

Meu irmão Ernst tem diarreia e febre alta. O médico prisional veio de novo. Nós nos colocamos em fila. Botamos a língua para fora. Estou na primeira fileira. Depois do controle, devemos avançar. Edgar está na segunda fileira. Ernst, na terceira. Sua língua tem uma grossa camada de secreção. Nesse instante, o médico e o *Blockälteste* estão na outra extremidade do bloco. Rápido como um raio, empurro Ernst para a frente. Troco de lugar com ele. Por hoje, o perigo passou.

Noite de 5 para 6 de março de 1943

Ernst continua com febre alta. Seus lábios estão ressecados e rachados. Ele pede água. Nós lhe damos de beber. A noite cai. Temos duas canecas de água para a noite. Colocamos ambas no estrado, junto à cabeça dele. Pedimos a seu vizinho para não tocar na água. Mesmo assim, passada meia hora já não há mais água ali. Não há água no interior do bloco. Quem sai do bloco durante a noite é alvejado por tiros. O arame farpado está a apenas dois metros do bloco. Água. Água. Água... Não temos. Um dos prisioneiros a bebeu. Apesar de sua promessa.

6 de março de 1943

De pé! Em fila para o *Appell*! Pepa Brammer tira seu paletó forrado. É uma grande sorte ter um paletó assim. Ele o entrega a Ernst. Em troca, recebe seu paletó mais fino. Edgar e eu abraçamos Pepa. Nós o conhecemos de casa. Não conseguimos segurar as lágrimas. Mas é evidente, diz Pepa. Não, não é evidente. Bem poucos seriam capazes de tal gesto. Pepa é um desses poucos. Edi também o faria. Quanto a mim, não tenho certeza. Apoiamos Ernst e nos alinhamos para o *Appell*. Por segurança, ficamos na quinta e última fileira. O *Blockführer* se aproxima. Encorajamos Ernst. Só dez segundos! Só dez segundos! São os segundos que importam. Depois, acabou! Soltamos Ernst. O *Blockführer* já passou. E, com ele, o momentâneo perigo. Até o *Appell* da noite. Deu tudo certo.

7 de março de 1943

Vinte prisioneiros são escolhidos para buscar cobertores no *Lager* principal. Edgar e eu estamos entre eles. Escondemos Ernst no estrado inferior do beliche debaixo dos cobertores. Logo estaremos de volta. Dez minutos para ir — dez minutos lá —, dez minutos para voltar. Dentro de meia hora poderíamos estar de volta. Marchamos em direção ao *Lager* principal. Paramos à frente da sala de roupas. Esperamos por duas horas. Estamos impacientes. Ernst está sozinho. Recebemos então os cobertores. Dez para cada um de nós. Caminhamos de volta. Um grupo de prisioneiros está de pé junto a uma parede do bloco. Do bloco 18. Dali, os doentes são levados embora. Uma antessala da morte. Chegamos mais perto. Reconhecemos o *Blockälteste*. O *Kapo* do *Lager*. Ernst. Ele está tremendo. Agora já sabemos. Um médico da SS passou por aqui. Houve uma seleção. Edgar e eu suplicamos ao escriturário do bloco, de nome Wertheimer, para que faça desaparecer o cartão de número 99.729. "Vocês acham que eu vou para a câmara de gás no lugar de vocês?", responde ele. Não podemos sequer nos despedir. Acenamos. Os cerca de vinte candidatos à morte são levados embora. Choramos. Outros vêm nos consolar, ele vai para o hospital.

10 de março de 1943

Um médico da SS aparece, acompanhado por alguns suboficiais com uniformes da SS. Temos de nos despir por completo. De pernas afastadas, ele se posta junto à entrada do bloco. Devemos nos apresentar nus, um por um. Corremos por cinco metros. Então paramos. Pomos a língua para fora. A maioria passa. Alguns são levados embora. Agora conhecemos o procedimento.

Meia hora mais tarde somos conduzidos ao banho. Ficamos alegres. Uma ducha. Água quente. Sabão, com as letras RIF gravadas. Alguns afirmam que significa *rein Jüdisches Fett*, ou seja, pura gordura de judeus.[24]

Saímos ao ar livre. No vento gelado ainda não há sinal da primavera se aproximando. Alinhamos as fileiras. Nova inspeção de piolhos. Com o peito nu, permanecemos ali por duas horas.

12 de março de 1943

Muitos desaparecem de novo pelas frestas da peneira. Os dias se repetem idênticos. Notamos uma massa escura de pessoas que se aproxima em nossa direção, fluindo pela larga via que atravessa o *Lager*. É um transporte de ciganos. Homens, mulheres, crianças. Eles permanecem juntos. Mantêm suas roupas. Sem desinfecção. São postos em vários blocos. Ouve-se alemão, tcheco ou a língua dos ciganos.

No dia seguinte, entro em um desses blocos. Crianças berram. Mulheres choram. Homens praguejam. Reconheço um cigano com quem eu tinha trabalhado em uma serraria em Uherský Brod antes da deportação.

---

24. Na realidade, a abreviatura RIF significava Reichsstelle für industrielle Fettversorgung [Instituto para Abastecimento de Gordura do Reich] ou Reichs-Industrie-Fette [Gorduras Industriais do Reich]. A interpretação, por muito tempo divulgada, de que se trataria de *reines Judenfett* [pura gordura de judeus] não tem fundamentação real. [W.B.]

"Vocês vão para os campos de concentração, seus judeus", disse-me há três meses. Não sem certo prazer perverso. Agora ambos estamos aqui. "Você tem pão para mim?" Ele faz que sim com a cabeça. Enfio a mão no bolso de seu casaco. Encontro algumas migalhas de pão que meto dentro da boca. Junto com a sujeira que havia em seu bolso. Que sorte. Agradeço. Ele ainda não sabe que, em poucos dias, ele mesmo estará à cata de migalhas.

A fome se torna cada vez pior. Como batatas com casca. Não perco de vista aqueles que ainda têm forças para descascar suas batatas. Peço-lhes as cascas. Eu as como. Não, não como. Eu as devoro. Como um animal. Como se com medo. Talvez da inveja dos outros comedores de cascas. Somos muitos. Antes eu era incapaz de beber água com uma xícara. Só com um copo. Não é possível cair mais baixo. Tenho vergonha de mim mesmo. E observo atento quem descasca batatas.

15 de março de 1943

As seis semanas da quarentena acabaram. Ficamos no bloco à espera. Um médico da SS e três suboficiais da SS aparecem. É o mesmo procedimento de poucos dias atrás. Correr. Botar a língua para fora. Alguns são reprovados. Fazemos fila. Marchamos. Passada uma hora, alcançamos o *Lager* principal de Auschwitz. Lê-se sobre o portão: *Arbeit macht frei* [O trabalho liberta].

"Olhar para a esquerda." Em honra a nossos guardas de uniformes da SS. Postados junto ao portão, eles nos contam enquanto passamos marchando. Chegamos ao bloco 1. Desinfecção e ducha. Atiramos nossas roupas em uma grande pilha. Levamos pauladas dos prisioneiros "veteranos" que mandam aqui. Uma ducha, roupas de baixo limpas, uniformes listrados de prisioneiros, casacos de prisioneiros, boinas. Nós nos alinhamos em fileiras diante do bloco. Um prisioneiro da unidade de trabalho aparece. Operação de trabalho. Era assim que se dizia em Theresienstadt. Então aquilo estava certo. E o Leste também. Mas ninguém falou sobre arame farpado e câmaras de gás. Teria perturbado a disciplina.

Perguntam sobre nossas profissões. Trabalhador na construção de estradas. Continuo com a mesma resposta. Sou enviado ao bloco 17. Meu comando se chama Construção de Concreto Huta. Um *Blockältester* berra. Individualmente, a cada um dos prisioneiros. Ordem. Disciplina. Limpeza! Entendido? Sim!, respondo. Aqui se diz "Sim, senhor!". Levo um bofetão. "Sim, senhor!", repito.

O recinto está bastante limpo. Beliches individuais de três andares. Sacos de palha. Cobertores. Calor. Uma bênção depois de Birkenau. Estamos todos muito otimistas. Talvez o lema *Arbeit macht frei* tenha nos deixado otimistas.

Às cinco e meia da manhã somos acordados. O banheiro é limpo e as privadas também. Recebemos um tipo de chá de hortelã e então nos alinhamos para o *Appell* matutino. Ao comando de "Sentido", o silêncio impera em todo o *Lager*. Vários *Blockführer* estão ocupados com a contagem. Logo saem os comandos de trabalho.

Meu comando tem o próprio ponto de encontro na via principal do *Lager*, não distante da cozinha. Os diferentes comandos saem em marcha. Procuro por meu irmão Edgar. Ele se registrou como sapateiro. Haverei de encontrá-lo. À noite, vou procurá-lo pelos blocos de recém-chegados. Por certo, ele fará o mesmo. Uma pequena orquestra toca marchas. Poderia ser em qualquer estação de águas. De tão boa que é. Todos os seus integrantes são prisioneiros. Agora é a nossa vez. Marchamos tão eretos quanto conseguimos. Esquerda, esquerda, esquerda, direita, esquerda... Diante do portão recebemos uma ordem: "Tirem as boinas! Olhem para a direita!" Fomos treinados para esse momento em Birkenau. Em compensação, agora tudo dá certo. A meu lado, marcha um prisioneiro de Pruszana de cerca de trinta anos de idade. Com cólicas, ele não é capaz de manter o passo. O *Kapo*, um alemão do Reich com um triângulo verde, percebe. Aproxima-se para saber o que está acontecendo. O prisioneiro do meu lado diz algo sobre úlcera, de casa, de sua dieta. O *Kapo* Helmuth — assim é chamado por seu superior — promete ajudar em breve. Ele conhece um bom remédio. O doente se alegra com essa disposição para ajudar. Eu também. Até a hora do almoço, decerto estará bem.

Chegamos ao local de trabalho. A construção de um canal. Grande canteiro de obras. Barracão de ferramentas. Pás e picaretas são distribuídas. Ao trabalho. O mestre de obras e o capataz nos mostram o caminho. O doente fica para trás, junto do *Kapo* Helmuth. Logo a seguir, ouço gritos. O cabo de uma pá era o bom remédio. Às onze horas vem um veículo para recolher o corpo.

    O trabalho consiste em escavar a terra, apanhar cimento, transportar concreto. A betoneira está a cerca de 200 metros do lugar a ser preenchido com concreto. O concreto é levado em pequenos vagões abertos. Três homens — um vagão. Sobre trilhos. Comigo trabalham dois antigos policiais tchecos. Triângulo vermelho. Políticos. Prestativos. Bons camaradas. O mestre de obras vem da Silésia. Derramamos o concreto em uma forma de madeira. O transporte deve seguir a pé. Por sorte, o trajeto com o vagão cheio é descida. Com o vagão vazio é mais fácil de andar. Quando achamos que não estamos sendo observados, reduzimos a velocidade.

    Para buscar cimento, é preciso atravessar a estrada principal que leva para o centro da cidade de Oświęcim. Reconheço a estrada. Aos dezesseis anos, passei férias em Oświęcim. Naquela época, não havia cercas de arame farpado. Nem câmaras de gás. Lembro-me dos passeios em companhia de outros jovens até o rio Sola, de tardes em um clube de jovens, da primeira moça por quem me apaixonei e que morava nessa cidade. São lembranças ao mesmo tempo belas e dolorosas. Por um *złoty* era possível ir de carroça da estação de trem até o centro. Foi uma experiência inesquecível para mim. A primeira viagem que fiz sozinho. Para Oświęcim. Será que minha viagem de agora estava destinada a ser a última? Tento não pensar nisso. Não quero pensar em nada agora. Só sobreviver. A qualquer custo. A qualquer custo?

4. AUSCHWITZ-BIRKENAU

O escriturário do bloco traz uma boa notícia. Podemos enviar um cartão-postal a nossos parentes. Aos poucos que ainda não foram deportados. Escrevo à minha cunhada. Ela é filha da madrasta de minha mulher. Meio judia. Estou bem. Estou saudável. Os dados do remetente devem bater conforme as instruções que recebemos. Sobrenome, nome, Waldsee, casa 17. Como se estivéssemos em um local de veraneio com florestas e lagos.[25] Não espero receber resposta. O propósito desse cartão é evidentemente tranquilizar aqueles que ficaram para trás.

Há problemas na hora de recolher o cimento. Um berlinense chamado Martin não consegue carregar um pesado saco de cimento. Por duas vezes seguidas, ele o deixa cair. O saco está no chão, rasgado. Martin apanha. Não tem mais forças. Está perdido. Já sabemos o que irá acontecer em breve. Seguimos para a betoneira com o vagão carregado de cimento. Coitado, diz um dos policiais tchecos. Concordamos com a cabeça, em silêncio.

Há alguns dias meu primo Fritz Gelb de Uherský Brod não está bem de saúde. Só com muito esforço é capaz de encher uma pá de cascalho. Está com diarreia e muito abatido. Não ousa ir à enfermaria. Penso que tem razão devido à nossa experiência em Birkenau. No dia seguinte, ele não participa do comando de trabalho. Não aguentou mais.

Passados uns poucos dias, tenho as pernas e pés muito inchados. Cada vez mais. São edemas causados

---

25. *Waldsee* em alemão significa "lago da floresta". [N.T.]

pela desnutrição. À noite, apalpo o inchaço com os polegares. Em diferentes pontos. Formam-se buracos que aos poucos desaparecem. Não sou o único. À noite, meus pés estão inchados; pela manhã, o rosto. Sinto dores na região dos gânglios inguinais. Ainda assim, saio para trabalhar junto com os membros de meu comando. Não consigo manter o ritmo. Penso na úlcera. Remédio até a hora do almoço. O *Kapo* Helmuth. O transporte do corpo. Eu me recomponho. Esquerda, esquerda, esquerda, direita, esquerda... Meus dois anjos bons me mandam simplesmente agachar sobre a estrutura do vagão. Meus anjos da guarda. Conseguimos ludibriar *Kapo* Helmuth. À noite, dirijo-me ao hospital. O porteiro do HKB[26], o ambulatório do hospital de prisioneiros, repete meu nome. Mannheimer. Mannheimer? De onde você é?, pergunta. Eu respondo. Quando indago sobre meu irmão Erich, ele permanece em silêncio. Agora tenho certeza de que o conhecia. Não quer falar. O nome dele é Weiss. Ele vem de Holic, na Eslováquia. Leva o número 29.000. Só por acaso ainda está vivo. Prisioneiros judeus raramente sobrevivem por tanto tempo. Talvez seja graças ao posto que ocupa.

Devo me despir, tomar uma ducha e então meu número de prisioneiro é escrito à tinta, em algarismos enormes sobre meu peito. Tudo é muito bem organizado. Bem diferente de Birkenau.

---

26. HKB, *Häftlingskrankenbau*, ou seja, Edifício dos Prisioneiros Doentes. [N.T.]

4. AUSCHWITZ-BIRKENAU

Início de abril de 1943
Auschwitz HKB

Dentro de meia hora devo ser operado. Infecção nos gânglios inguinais. Devido às dores, estou um tanto apático. Minha perna esquerda está muito inflamada. É difícil tirar a cueca. Mesa de cirurgia. Um cirurgião. Um anestesista. Ambos são prisioneiros poloneses. Éter. Conto até 43. Desperto da anestesia. Curativos. Um curativo de papel. Posto de pé, vou cambaleando até o estrado de madeira. O meu é o estrado superior de um beliche de três andares. Como se subisse uma escada, me apoio na estrutura do beliche ao lado do meu. Sinto-me seguro. A noite é muito longa. Próximo de mim, um prisioneiro geme. Não consigo dormir. Os gemidos, o cheiro do recinto com mais de duzentos leitos de doentes. Amanhece. Estou feliz com o fim da noite. Minha alegria dura pouco. Um dos enfermeiros grita: todos para fora das camas! Removam os curativos! Um médico da SS se encontra junto à porta de entrada. O escriturário chama os prisioneiros pelos números. O corredor entre as fileiras de beliches, de dois metros de largura e doze de comprimento, torna-se uma pista de corrida. Já intuo para onde levará em seguida: às cinzas. Tenho medo. Tenho muito medo. É preciso percorrer os doze metros correndo. Os que conseguirem podem voltar ao leito. Os outros ficam de pé junto à porta. Meu número é chamado. Corra! Eu corro, corro, corro para salvar a própria vida. Não sinto dor alguma. Aqueles doze metros parecem uma eternidade. Meus braços estão estendidos, conforme o regulamento. O peito para fora.

Ou melhor, o esqueleto de um peito. Recebo a permissão de voltar para a cama.

Reconheço que o vizinho que geme, cuja vez de correr chegou, é meu amigo Riesenfeld. Seu corpo está coberto de furúnculos. Suas pernas estão inchadas. Depois de oito semanas no *Lager*. Incapaz de correr, ele se arrasta. É detido junto à porta. Depois, alguns outros mais. A corrida pela vida terminou. Deve haver uns quarenta homens junto à porta. Os números são lidos mais uma vez. Um está faltando. Ele conseguiu escapar. Escapar? Ele é arrancado da cama. Ele grita, grita, grita...

Os esqueletos, que na gíria do *Lager* são chamados de "muçulmanos", recebem cobertores. Já estamos em abril. Começam a faltar camisas e cobertores. Dez minutos depois, ouve-se a partida de um caminhão. Os que ficaram sabem seu destino. Ninguém fala sobre isso. Nesta semana não há novas seleções. O que irá acontecer na semana que vem? Quanto tempo terei de passar aqui? Não sei. Ninguém é capaz de me dizer.

Segunda quinzena de abril 1943

Deixo o hospital. Meu irmão Edgar trabalha como sapateiro. Ele conserta os tamancos dos prisioneiros. Diz que devo dizer desta vez que sou sapateiro quando for questionado para a operação de trabalho. Assim virei para o mesmo comando que ele. Eu me apresento. Meu bloco é o 14 — meu comando: oficina de roupas. Estou junto com meu irmão.

No dia seguinte, saio para trabalhar com os demais membros do comando. É um grande comando. Cerca de 350 prisioneiros. Vinte minutos de marcha a pé. Uma velha fábrica. Deve ter sido um curtume. Um teto sobre minha cabeça. Meu irmão me apresenta ao mestre dos prisioneiros. Como na vida civil. Ele se chama Lipczak. Vem de Poznań. Todos os dias ele golpeia o traseiro de meu irmão cinco vezes. Com uma tira de sapato. Embora goste de meu irmão. Devo pregar um cravo de madeira num sapato de couro. Preciso me abaixar. Não sabia que uma tira de sapato podia causar tanta dor. Devo cortar cravos de madeira. Com uma faca de sapateiro. À noite, mais golpes. Insuficientes e irregulares demais, diz o mestre. Passados alguns dias, o resultado melhora. Agora, os golpes continuam, só por uma questão de bom-tom. Um divertimento para o mestre. Abaixo de minha clavícula direita forma-se um edema vermelho-azulado que dói muito. Trata-se de uma inflamação dos tecidos. Dói demais. À noite me apresento no hospital.

Preciso ser operado de novo. Outra vez o banho e o número de prisioneiro escrito à tinta sobre meu peito. Um cirurgião polonês. Sou enviado para o bloco 9. O bloco ao lado é onde fazem experimentos com mulheres. Sou tomado pelo temor de uma seleção. Tento não pensar nisso. Emagreci muito. As rações no hospital são bastante exíguas. Meu irmão Edgar vem para perto do hospital logo depois do *Appell* da manhã. Ele assovia. É um sinal de nossa infância. A enfermaria fica no primeiro andar. Vou cambaleando até a janela. "Como vai você?", grita ele. "Bem", respondo. Ele não consegue ver meu corpo. "Pegue", grita de volta. Uma ração diária de pão entra voando pela janela. A ração dele. Está passando fome. Por mim. Para que eu sare mais depressa, diz ele. Amanhã ele irá voltar. Sou liberado depois de duas semanas. Meu irmão me aguarda diante do bloco. Ele abraça um esqueleto. Contém as lágrimas. Tento fazer o mesmo.

A operação de trabalho divide os que saíram do hospital. Como de costume. Diga simplesmente tapeceiro. Vou dar um jeito, disse Edi ontem. Bloco 14 — oficina de roupas. Conheço o trabalho. "Tapeceiros, adiante." O *Kapo* dos tapeceiros, com um triângulo verde, gosta do "Sapateiro Alto". É como meu irmão é conhecido no comando. Chama a atenção por sua altura e juventude. Agora, tem dezessete anos. É um bom trabalho. Mas até quando? Preparo lá para a fiação. Lã grega. Os judeus da Grécia trouxeram muita lã consigo. Azeitonas e lã. Um polonês, prisioneiro político, supervisiona o trabalho. É uma pessoa agradável e me chama pelo nome. O seu é Oleg. Nem todos os poloneses são tão amigáveis com os prisioneiros judeus. Estou esfregando o chão da oficina. Quando termino de enxugá-lo, um "camarada" menos amigável derruba um balde e me dá um chute no traseiro. Eu caio. Todos riem. Eu não. A pedido do tapeceiro, sou transferido para o "comando do pátio".

Setembro de 1943

Rudi Müller é um antigo fabricante de luvas de Praga. Estamos no mesmo bloco, no mesmo quarto, no mesmo comando. E nos tornamos amigos. Ele organiza as malas vazias de acordo com a qualidade, tudo que ainda pode servir é separado. Não há demanda por malas. Há malas em excesso. Todos os dias chegam novos transportes de judeus. Novas malas. "Tenho algo para você", diz ele. O *Kapo* chefe percebe que estamos conversando e então Rudi Müller também é transferido para o comando do pátio. "O que é que você tem?", pergunto mais tarde no bloco. Ele me entrega uma fotografia. Permaneço mudo. Eu me encolho em um canto. É uma fotografia de nossa família. Ele a encontrou em uma mala. Na nossa mala. Eu a corto em duas partes e as coloco dentro de meu cinto de costura dupla. Meus pais e irmãos estão comigo. Eles irão me acompanhar.

O trabalho no comando do pátio consiste em serrar madeira, varrer o pátio e outros serviços de ajudante. Rudi Müller e eu estamos hoje incumbidos de serrar madeira. Faz um dia quente. Paramos um instante para descansar. "Sacos de merda!", grita de uma janela o *Kapo* chefe. Ele estava nos observando. "Venham aqui!" Entramos no curtume. Um grande tanque, cheio de uma água marrom-avermelhada. Para peles. O nível da água está a meio metro da borda superior. Já sabemos o que nos espera. Vestidos com nossos uniformes de prisioneiros, somos atirados na água. Tentamos sair. O *Kapo* chefe pisa em nossos dedos. Empurra-nos de volta. Chuta nossas cabeças. Isso se repete algumas vezes. Então ele diz: "Seus vagabundos!" Com dificuldade, saímos de dentro do tanque. Estamos trêmulos de frio e medo. Uma crise de bronquite é a consequência para mim. Febre. Consigo autorização para permanecer no interior do bloco. Forma-se um abcesso em meu peito. Tenho medo de ir ao hospital. Há boatos que quem vai pela terceira vez ao hospital acaba na câmara de gás. Os acontecimentos das últimas semanas que só me atingiram de maneira indireta, afundaram minha vontade de viver. São três acontecimentos em particular que levaram a isso.

Quando nosso comando sai em direção ao trabalho, recebemos a ordem usual: "Tirem as boinas! Olhem para a esquerda!" Somos contados. Tocam música, como de costume. Nossos olhares se voltam à esquerda e veem a seguinte imagem: sobre tábuas inclinadas apoiadas junto ao portão do bloco à esquerda do nosso, jazem seis prisioneiros com as barrigas abertas por grandes cortes. Os intestinos estão expostos. Empapados de sangue, seus rostos estão irreconhecíveis. Soubemos mais tarde que os prisioneiros pertenciam a um comando agrícola. Era evidente que haviam tentado fugir.

É domingo. Tocam música para distrair os prisioneiros. Distrair? Diante da cozinha, uma forca é montada. Forca de um tipo especial. Entre as estruturas à esquerda e à direita, há uma barra de ferro. Vários prisioneiros são trazidos do bloco 11, o *bunker*. Eles sobem nas cadeiras já ali dispostas. Cordas são enlaçadas em seus pescoços. As cadeiras são retiradas com um golpe. Como advertência, os enforcados permanecem pendurados por duas horas. A música continua. Não dizemos nada. Não há nada a dizer.

Certa noite, uma senhora se encontra perto do portão de entrada. Seu marido também está ali. Diante dos dois, uma placa: eis o que acontece a todos cujos filhos tentam fugir de Auschwitz. São reféns, portanto. Cumprimentamos os velhos em silêncio.

Tínhamos de escapar de Auschwitz. As constantes seleções. O medo. Sempre o medo. Será que chegou sua vez? A ordem "Todos os judeus devem permanecer em pé depois do *Appell*!" é o sinal dessas seleções. Poldi Gelbkopf é aquele em quem me apoio regularmente. Apesar de magro, é um jovem forte. Agricultor, acostumado com trabalho pesado. Se me posiciono perto dele, não pareço mais tão esquálido. Meu corpo aparenta ser mais largo. Por causa de minha estrutura óssea. As coisas que a pessoa pensa quando quer sobreviver! E eu quero sobreviver. Há uma força que me mantém vivo. Talvez seja meu irmão. Com certeza é meu irmão. O que mantém vivos os outros? A crença em Deus é algo perdido há tempos. Tudo isso não pode acontecer diante dos olhos de Deus. Para que essa provação, se é que se trata disso? Para que esses sacrifícios? Para quê?

Parece que um transporte vindo de Theresienstadt chegou a Birkenau. No *Lager* das famílias. Como ocorreu na chegada dos ciganos, as famílias permanecem juntas. Meu amigo Hermann, de Opava, participa do comando de construtores de telhados e atualmente trabalha em Birkenau. Tento descobrir através dele se meus sogros, que puderam permanecer em Theresienstadt no fim de janeiro, estão entre os recém-chegados. A maior parte dos médicos ficou em Theresienstadt. Caso também de meu sogro. Talvez esse homem de setenta anos tivesse chegado a Birkenau. Sim, ele está lá. Meu irmão e eu lhe enviamos pão. Também mando um recado. Fico muito contente. Não digo nada sobre minha mulher e minha cunhada. Não há nenhuma esperança — e não quero causar sofrimento aos velhos. A esperança da sobrevivência deles é igual a zero. Conheço Birkenau bem demais.

Weiss, o porteiro do HKB, o hospital de prisioneiros, finalmente se deixa convencer. Ele conhecia bem nosso irmão Erich. Os pés de Erich congelaram e então seguiu pelo mesmo caminho de tantos outros. Não lhe perguntamos mais nada. No mesmo dia, encontramos Lazarowicz, o homem que traiu meu irmão. No presídio da Gestapo. Em Uherské Hradiště. Conhecemos os métodos empregados pela Gestapo para fazer os prisioneiros falarem. Conversamos sobre assuntos sem importância, sobre os destacamentos de trabalho. O que mais haveríamos de dizer? Não adiantaria nada. Não somos juízes.

As mulheres do bloco 10, onde se fazem os experimentos, voltam de um passeio. São bonitas, bem-vestidas, com idades entre vinte e trinta anos. A maioria é de judias da Eslováquia e da Polônia. Não se pode ver o que acontece com elas no bloco 10. Toda semana, um professor chamado Clauberg[27] visita o *Lager* para supervisionar os

---

27. O ginecologista Carl Clauberg (1898-1957) se tornou membro do Partido Nazista em 1933. À época, ocupava o cargo de médico-chefe da Clínica Ginecológica Universitária de Kiel. De 1933 a 1940, foi professor na

experimentos. Por isso, muitos afirmam se tratar de experimentos científicos, talvez esterilizações, inseminações artificiais e coisas do gênero.

Um transporte de Poznań chegou. Penso em Albert Göttinger e no pão que fomos buscar para ele em Nivnice. Em sua estadia em Poznań. Nas cartas escritas para Eva, cheias de agradecimentos. Àquela época, éramos incapazes de compreender tamanha gratidão por um pedaço de pão. Nesse ínterim, aprendemos. Os recém-chegados estão em um bloco de quarentena. Ainda assim, consigo entrar. Um prisioneiro aponta para um homem esquálido num canto. Falo com ele. As lágrimas precedem minhas palavras. Albert não sabe quem sou. Nunca ouviu falar de mim. Sou o marido de Eva. Eva Bock. Agora ele entende. Permanecemos sentados em silêncio sobre o estrado de madeira. Eu lhe dou um pouco do meu pão. E um pulôver. Ele será transportado mais uma vez. Para as minas

---

Universidade de Königsberg e depois, diretor da Clínica Ginecológica Königshütte na Alta Silésia, próxima de Auschwitz. Buscou contato com Heinrich Himmler e despertou-lhe o interesse por experimentos para esterilização de mulheres sem intervenção cirúrgica. De 1942 até 1944, Clauberg testou, em grande estilo, seu método de esterilização em massa por meio de injeções sem anestesia no bloco 10 de Auschwitz I. Suas cobaias eram mulheres judias e ciganas. Os experimentos causavam dores fortíssimas e frequentemente levavam à morte. Em 1945, Clauberg foi deportado para a União Soviética e condenado a 25 anos de prisão por participar de "extermínio em massa de mulheres soviéticas". Em 1955, no entanto, recebeu um indulto e foi enviado à República Federal da Alemanha. Em novembro de 1955, foi preso em Kiel, onde morreu em 1957, pouco antes do início de um processo por "recorrentes lesões corporais graves" a prisioneiras em Auschwitz. Até o fim da vida, Clauberg se gabava de suas conquistas "científicas". [W.B.]

de carvão. Para Jewischowitz. No dia seguinte, já não o encontro mais. O transporte já partiu.

5 de outubro de 1943

Appell de contagem. Todos os judeus não poloneses têm de permanecer ao término do *Appell*. O *Obersturmführer* da rampa da morte de Birkenau se aproxima. Transporte, todos sussurram. Mostramos nosso peito. Restam cerca de 120 prisioneiros. O escriturário do bloco anuncia os números. Não tenho medo da primeira seleção. O mais importante é partir de Auschwitz.

É o mesmo médico da rampa. Olho para ele com atenção. E o imagino sem seu uniforme. Ele tem a mesma aparência de tantos outros médicos. Seus olhos, por detrás das lentes dos óculos, são muito tranquilos. Seu rosto é estreito, e seu perfil, um pouco anguloso. Suas mãos são delgadas, quase sensíveis. Ele é muito alto. Talvez tenha 1,90m. Sua postura é perfeitamente ereta. Temos de lhe mostrar nossas mãos. Botar a língua para fora. Um após o outro. E então voltamos a nos vestir. O médico dá instruções ao escriturário do bloco que não conseguimos ouvir. Meu irmão é o próximo: 99.727. Depois é a minha vez: 99.728. Estamos mais ou menos no meio do grupo. O escriturário faz um sinal para mim. Ele é nosso amigo. Um berlinense. O sinal significa: espere. "Só seu irmão vai", diz ele. Era o que eu temia. A ferida em meu peito ainda não cicatrizou. O abcesso. Algo terá de acontecer. Não posso ficar sozinho em Auschwitz. Meu único irmão. Partindo de Auschwitz. Indo embora das duchas sem água.

Com a boina na mão e as mãos junto às costuras das calças, eu me apresento diante do senhor de direita e esquerda, sim e não, vida ou morte. "*Herr Obersturmführer*, o prisioneiro 99.728 pede autorização para falar!" Essa frase saiu de dentro de mim como um tiro de pistola. Tudo ou nada. Partir de Auschwitz. Das câmaras de gás. Do crematório. Apenas partir. Tento disfarçar meu discreto sotaque austríaco com o tom incisivo da linguagem do *Lager*.

"O que o senhor deseja?" Ser tratado de "senhor" me surpreende. Um breve lampejo de esperança. "*Herr Obersturmführer*, o prisioneiro 99.728 pede autorização para se juntar ao transporte. Estou plenamente capacitado para trabalhar." "Mas o senhor tem uma ferida no peito!" A memória dele é espantosa. Eu já tinha me vestido de volta. E um prisioneiro é igual a qualquer outro. "Abra sua camisa. Vamos ver! Escriturário! Transporte!" "Obrigado, *Herr Obersturmführer*!"

Um dia depois. As provisões devem bastar para dois dias. Pão. Salsichão. Margarina. Roupas novas. Roupa de baixo limpa. Em vez de sapatos, tamancos. Não como os holandeses. São feitos de um único pedaço de madeira. Na ponta, um pedaço de lona. Nele se encosta a ponta do dedo. Não é fácil marchar usando esses calçados. É preciso abrir bem os pés e os dedos para não perder os tamancos. Marchamos em direção aos vagões prontos para partir. Vagões de carga. À esquerda e à direita, trinta e cinco prisioneiros de cada lado. O meio permanece vazio.

Para os guardas da SS. Não sabemos para onde vamos. Os guardas não respondem nada. "Vão trabalhar", é tudo o que dizem. Sentimos alívio. Se não fosse por isso, por que teriam nos dado roupas e comida? Basta vislumbrar um pouco de luz por um instante e já nos tornamos otimistas perfeitos. Seria vontade de viver ou ingenuidade? Por uma fresta na parede do vagão, alguém imagina reconhecer que seguimos para o norte. Mais do que isso, por enquanto, não sabemos. Viajamos por dois dias e duas noites. Auschwitz fica cada vez mais longe. Como foi que nos disseram mesmo? As crianças vão para o jardim da infância. Os homens podem visitar suas esposas aos domingos. A verdade era diferente. Não havia jardins da infância. Não havia visitas. Só fome, miséria e morte.

5. Varsóvia

No Dia do Perdão judaico[28] chegamos a Varsóvia. Ao gueto de Varsóvia. Para ser mais exato, aos escombros do gueto de Varsóvia.[29] Na plataforma contígua, há vagões carregados de velhos tijolos. Trata-se de tijolos históricos. Testemunhas das batalhas travadas pelos aguerridos combatentes do gueto de Varsóvia contra a superioridade bélica das tropas da SS de Himmler. Não sabemos detalhes. As notícias

---

28. O autor refere-se aqui ao Yom Kipur, período de jejum e introspecção que ocorre dez dias depois do início do Ano-Novo judaico, em que, conforme a tradição, os judeus voltam seus pensamentos às transgressões cometidas no ano que passou e suplicam por perdão e expiação, bem como por um bom novo ano. [N.T.]
29. Depois da deportação de 300 mil habitantes do gueto destinado aos judeus em Varsóvia para o campo de extermínio de Treblinka, os 60 mil restantes se organizaram em um movimento de resistência às deportações a partir de 19 de abril de 1943. As tropas da SS, comandadas por Jürgen Stroop, demoraram até o dia 16 de maio para abafar o levante armado. O gueto foi completamente arrasado durante esse período. Para a remoção dos escombros e busca por materiais que pudessem ser reutilizados, foi criado um campo de concentração em Varsóvia, em 15 de agosto de 1943, cujos prisioneiros foram evacuados para Dachau a partir de 24 de julho de 1944. [W.B.]

se infiltravam de modo muito esporádico em Auschwitz. Provável que fossem levadas por prisioneiros poloneses. Agora estamos aqui, um solo histórico. Calçados com tamancos de madeira. Trazidos para demolir o palco da batalha. Amanhece. Tudo à nossa volta tem uma aparência sinistra. Casas carbonizadas. Um grande silêncio. Nenhuma alma humana à vista. Nós nos alinhamos em filas. Marchamos. Soa fantasmagórico o barulho de 2 mil tamancos. Ao raiar do dia, seu eco se torna particularmente sinistro. Numa placa de rua lemos "Doutor L. Zamenhof". O criador do esperanto. Para um melhor entendimento entre as nações. Passados vinte minutos, chegamos. Estamos na rua Gesia. No edifício principal, há um presídio. Atrás dele, foi construído um campo de concentração. Barracões de madeira com janelas. Parece bastante bom.

Estamos em posição para o *Appell*. Um *Lagerälteste* com um triângulo preto faz um discurso. Disciplina. Limpeza. Trabalho duro! Já conhecemos esse discurso. Somos divididos entre os blocos. Mil prisioneiros. Quinhentos judeus gregos vieram para cá antes de nós. Estão aqui há três meses. Também os criminosos profissionais alemães do Reich, conhecidos pela sigla BV (*Berufsverbrecher*). São os *Blockälteste* e os *Kapos*. A SS aprecia dar esses cargos a criminosos profissionais. Meu irmão e eu vamos para o bloco 1. Os números que recebemos em Varsóvia são 2.881 e 2.882. Os números tatuados não valem mais. Novo *Lager*. Novos números. Ainda não há camas. Dormimos no chão. Com os tamancos sob nossas cabeças. Sem cobertores. A grande quantidade de pessoas aquece o recinto. Ainda estamos em outubro. Ainda se pode aguentar assim. Edi e eu somos designados para um comando de demolição. É denominado "Merke". Deve ser o nome da empresa demolidora. Nossa primeira saída para trabalhar. Um mestre polonês. Agora usamos roupas civis com listras vermelhas nas calças e paletós. Recebemos picaretas e, calçados com nossos tamancos de madeira, subimos pelas paredes incendiadas, parcialmente desabadas e demolidas. Nossa tarefa é quebrar tijolos em alturas perigosas. Devem então ser limpos e empilhados. Dia após dia, o mesmo trabalho.

Ao voltarem para o interior do *Lager*, os membros dos comandos de trabalho com frequência são examinados de forma rigorosa. "Revistados", como se diz na linguagem do *Lager*. Os porões dos edifícios destruídos podem esconder tesouros. Pratos, talheres, vários objetos de porcelana. São objetos muito apreciados nas trocas com poloneses civis. Encontro um saquinho de cevada. Mofada. Depois de contrabandeada para o interior do *Lager*, é cozida junto com amigos. Concordamos que não é mais apropriada. Mas talvez seja nutritiva. Seja como for, é cevada. Melhor que nabos. Certo dia, encontramos esqueletos. Do levante. Três adultos. Duas crianças. Soterrados sob os escombros. Ou talvez envenenados pela fumaça. Ou mortos a tiros. Não sabemos. Rezamos o *Kadish*.

Alguns prisioneiros criam uma trupe para um espetáculo de cabaré. Em um domingo, fazem uma apresentação no bloco 6. Um canto se transforma num palco improvisado. Responsáveis pela iniciativa: Herbert Scherzer, ator, e

Ernest Landau, jornalista, ambos de Viena. Os escalões mais altos do *Lager* sentam-se nas primeiras duas fileiras. Criminosos profissionais, *Lagerälteste*, *Blockälteste*, *Kapos*.

O programa consiste de esquetes e canções em duplas. Esquecemos que estamos em um campo de concentração. Poucos conseguem entrar. Por falta de espaço.

Depois da apresentação, vejo os "artistas" saindo da cozinha com um pequeno caldeirão de sopa. A sopa dos artistas. Eu os sigo. Scherzer desaparece num bloco. Eu me dirijo a Landau. Sem o conhecer. "Camarada, pode me dar um pouco de sopa?" "Vá pegar uma tigela!" Corro para o bloco, pego uma tigela e mal consigo acreditar no que vejo. Ernest Landau está de fato me esperando. Ele me dá sopa. Eu agradeço a ele. Esse gesto irá marcar para sempre minha atitude diante de Ernest Landau.

Novembro de 1943

O *Rapportführer*[30] está à procura de lavadores. Sinto-me corajoso. Já fui sapateiro e tapeceiro. Por que não lavador? Apresento-me. Onde já trabalhou como lavador? Em Theresienstadt. Quem mente depressa, mente bem. A lavanderia atende ao *Lager* inteiro. Quatro prisioneiros. Dois caldeirões. Muita roupa. Usada por meses a fio. Por

---

30. *Rapportführer* era um cargo paramilitar do Destacamento de Campos de Concentração da SS, normalmente ocupado pelo médio escalão da corporação, e servia como comandante de um grupo de *Blockführer*. [N.T.]

doentes. Dá nojo. Com piolhos. Piolhos significam risco de febre tifoide. Passadas duas semanas, a lavanderia é fechada. Um novo comando. Turno da noite na lavanderia. Na cidade. Fora dos muros do gueto. Excitante. É a firma Winter, rua Leszno 20, Varsóvia. A roupa vem do Exército e da SS. Dois homens da SS nos acompanham. Alemães étnicos da Croácia. Uma polonesa e sua filha supervisionam o turno da noite. Máquinas de lavar roupa aquecidas a vapor. Calor. Centrífugas. Rolos compressores quentes. Todos estão felizes. Os outros no *Lager* nos invejam. Lavamos também nossa própria roupa às escondidas. Às 8 da manhã, voltamos ao *Lager*. À noite, vestimos roupa suja. De nossos amigos. Apesar do risco de febre tifoide. Seja como for, há piolhos em quantidade no *Lager*. Há meses ninguém recebe roupa limpa.

Um amigo traz um caderno de uma demolição. Em polonês. Eu o folheio. Trata-se de um diário, escrito durante os últimos dias do levante do gueto. Letra de moça. Compro o caderno em troca de um prato de sopa. Mando traduzi-lo ao alemão. Há pouco tempo, uma civil começou a trabalhar na lavanderia. Loira. Jovem. Bonita. Inteligente. Além de polonês, fala alemão, francês e inglês. Loira oxigenada. Seu nome é Cesia. É particularmente amigável conosco. Supomos que seja uma judia com documentos falsos. Sobrevivendo graças a "papéis arianos". É como chamam. Não queremos lhe perguntar de maneira aberta. Na noite seguinte, indago sobre seus pais. Ela chora. Agora eu sei. Não digo nada aos outros. Qualquer tipo de comportamento anormal pode ser perigoso. Não quero que siga pelo mesmo caminho de seus pais. Lembro-me do diário. Cesia poderia salvá-lo para a posteridade. Para o caso de não sobrevivermos. Talvez em um museu. Museus são lugares bastante seguros. Falo com ela. Está de acordo. A cada dia, leva algumas páginas consigo. Os últimos dias de uma menina de uns quinze anos de idade. Fome, sem luz, sem água, sujeira, esconderijo. Sempre exposta ao perigo.

No *Lager* é anunciada uma epidemia de febre tifoide. Dois barracões são transformados em alojamento para os doentes. Edgar fica doente. Robert Sawosnik, um estudante de medicina norueguês, cuida dele. Ernest Landau exerce a função de enfermeiro. Ele se apresentou como voluntário. Corajoso. Vou ao barracão todas as manhãs. Depois do turno da noite na lavanderia. Os mortos da noite estão estendidos diante do bloco. Esqueletos cobertos de pele. Pele com grandes manchas preto-azuladas. Manchas de tifo.

A chefia da SS está preocupada. Por meio de um *Blockälteste*, soubemos que foi feita uma consulta ao Departamento de Segurança do Reich, em Berlim. A resposta foi: não liquidar. A epidemia é aos poucos contida. O balanço: cerca de quinhentos mortos.

Saul, um grego de Tessalônica, trabalha no depósito de roupas. É um privilégio estar ali. Vem à lavanderia uma vez por semana. Acompanhado de um SS. Com um cavalo e uma carroça. Ele tenta fugir. Falha. É alvejado. Não pode mais andar.

No domingo seguinte, todos permanecem imóveis depois do *Appell* da manhã. Uma forca é preparada junto ao bloco 6. Saul é enforcado diante de nossos olhos. Seu irmão Isaac é obrigado a testemunhar. Desfalece. Os prisioneiros voltam a seus blocos. A vida continua. Vida? Continua?

Na lavanderia reina um grande nervosismo. Peças de roupa estão desaparecendo. Não é possível encontrar o culpado. Os trabalhadores civis poloneses que lavam durante o dia nos acusam. Nosso comando não sai para trabalhar na noite seguinte. Permanecemos no *Lager*.

Dezembro de 1943

Appell de contagem. Fileiras de cinco. Um homem à frente, virado para o lado. A voz do *Blockälteste* soa rouca. Os mortos da noite jazem ao longo da fachada do barracão. Como todos os dias. O *Blockführer* faz a contagem. A soma dos vivos e mortos corresponde ao número devido. Está certo. Por sorte. Mexam-se! Parados! Um aviso: aqueles prisioneiros familiarizados com trabalho de escritório devem se apresentar. Será que devo? Não devo? Penso na toalha e no sabonete em Auschwitz. No banho, na desinfecção. As duchas sem água. Absurdo! Varsóvia não é Auschwitz. Vou. Devemos nos apresentar diante do comandante. Somos dezessete prisioneiros. Diante do *Obersturmführer*. Ao lado dele está o escriturário do comando — um prisioneiro. Dezesseis "arianos" — "arianos" alemães do Reich — e um judeu. Nenhuma chance, penso comigo. "Quem sabe estenografia?", pergunta o oficial da SS. Além de mim, outro prisioneiro se apresenta. Adiante! Meu rival entendeu "fotografia". Sou levado à sala dos escriturários-prisioneiros. Pouco antes do início do inverno em Varsóvia. Esperança de sobreviver. Com enorme gratidão, penso em meu pai. Ele me havia dito: meu filho, a estenografia é algo muito importante. Um detalhe: nunca tinha estenografado.

Hoje há muitos jovens que aprendem estenografia. Muitos têm dificuldade. Queixam-se. Então eu digo: a estenografia é muito importante! Não digo mais nada. Não seriam capazes de compreender.

O trabalho no escritório é fácil. Nossa tarefa é retirar as fichas dos mortos do arquivo, preparar listas para os comandos de trabalho e outras tarefas similares. Há, porém, uma peculiaridade no arquivo: alguns números de prisioneiros foram usados até três vezes. Se alguém morre, o número é repassado a um recém-chegado.

O tratador de animais Willy V. alimenta porcos destinados à cozinha da SS. Ele vem ao escritório. Tem um triângulo verde. Criminoso profissional. Oferece que eu use o nome dele para escrever uma carta para minha cunhada, que continua em casa. Alemães do Reich têm direito de escrever cartas e receber pacotes. "Querida Maria, estou bem em Varsóvia. Mande-me um par de tamancos fechados. Se puder, também o vestido de casamento amarelo de Eva e um pouco de geleia. Estou com boa saúde. Espero que você também esteja." Passadas quatro semanas, Willy traz um pacote para o bloco. Quero lhe dar algo de seu conteúdo. Ele recusa com aspereza. Quase ofendido. Suponho que seja orgulhoso demais. O pacote contém todo tipo de provisões, um par de tamancos fechados, meias, açúcar, vitaminas e um pote de geleia. No meio da geleia está o "vestido de casamento amarelo" — a pulseira de ouro de Eva e seu colar. Ela compreendeu minha mensagem. Eu sabia que compreenderia. Pretendo trocar a pulseira e o colar por pão. Eu os entrego a um mestre civil polonês — Pawel Sikora, de Poznań. Em troca, ele me traz um filão de pão. Claro que teve as joias confiscadas pela SS no portão do gueto. Ele me deu o pão por piedade. Não há nada que eu possa fazer.

Os familiares de prisioneiros "arianos" desfrutam de um privilégio. Têm o direito de solicitar as cinzas de seus familiares. Quando chega a hora. Pagando uma taxa. Às vezes, essa hora chega. Mesmo *Kapos* e mestres têm de acreditar nisso. Não, eles não morrem de fome, não em Varsóvia. Mas encontrar objetos de valor às vezes se torna sua desgraça. Não o simples fato de encontrar, mas o comércio que fazem com esses achados. Os guardas da SS com frequência participam da venda. São os vendedores. Em Varsóvia, para além dos muros do gueto. Na maioria das vezes, trazem vodca de volta aos fornecedores. A vodca solta a língua das pessoas. Os *Kapos* se gabam de suas ótimas relações. Não por muito tempo. Os cúmplices, de uniformes verdes e insígnias de caveiras, preferem parceiros discretos. "Abatido em fuga" é a causa da morte no atestado de óbito. Para o arquivo. Para os parentes. O caixote com as cinzas permanece ao lado da minha escrivaninha. Não fui capaz de descobrir se as cinzas provêm de um incêndio próximo ao prédio do antigo Conselho Judaico. Ou de algum outro lugar. Desta vez há quatro urnas que precisam ser preenchidas. O *Oberscharführer*[31] Mielenz, conhecido entre os prisioneiros como "o plantador de repolhos", supervisiona meu trabalho. As urnas são empacotadas em pequenos caixotes de madeira. O nome do prisioneiro e o data de sua morte estão assinalados. Falta o calibre da pistola.

Antes de ser detido, Leon Halpern vivia em um "casamento misto". Sua mulher e seu filho permaneceram em Praga. Ele escreveu pedindo um pacote. Por meio de um prisioneiro alemão do Reich. Junto ao pacote, veio uma carta. "Querido Leon", lia-se na primeira linha. O destinatário oficial não se chamava Leon. Mielenz ordena que eu procure no arquivo por todos os prisioneiros cujo primeiro nome seja Leon. Tenho quinze minutos para a tarefa. Conheço bem Leon. A única coisa que faço é adverti-lo. Assim, ele poderá se preparar melhor. Para as perguntas. Para os castigos. Leon é posto sobre o banco. Cinquenta pauladas. É magro, porém resistente. Aguenta. Fazem depois um curativo na enfermaria. O alemão do Reich é encaminhado a um outro comando. Leon afirma que fez aquilo sem que o alemão soubesse. É um sujeito bacana.

Há recém-chegados em Varsóvia. Um transporte de judeus húngaros veio de Auschwitz. O novo *Lager*, preparado há meses, recebe seus prisioneiros. O escritório também se muda. O novo lugar está a apenas algumas centenas

---

31. Comandante Superior de Esquadrão. [N.T.]

5. VARSÓVIA

de metros de distância. Novos pelotões de guardas da SS aportam. De Lublin. Dizem que o gueto e o *Lager* de lá estão para ser liquidados.[32] A maior parte dos prisioneiros continua ocupada com o trabalho de demolição. As notícias políticas que nos chegam de vez em quando nos dão esperanças de que o fim da guerra esteja próximo. Agora é só esperar o desfecho. E os alemães estão expostos ao perigo dos *partisans*. Os membros da SS, que nas horas vagas têm autorização para ir a Varsóvia, mantêm-se sempre em grupos.

O comandante do *Lager* em Plaszow, próximo a Cracóvia[33], vem até nós. Devemos encontrar no arquivo os operários especializados que deverão seguir com ele para Plaszow. O comandante Goeth[34] é um homem temido. Tremo enquanto ele dita os nomes que deverão constar da lista datilografada. Mas esse transporte não chega a acontecer. Certo dia, recebemos provisões para uma

---

32. O campo de concentração de Lublin, também conhecido como Lublin-Majdanek, funcionou de outubro de 1941 até a libertação em julho de 1944. O complexo envolvia dez campos periféricos e, entre o verão de 1942 e julho de 1944, funcionou como campo de extermínio, vitimando cerca de 200 mil pessoas. [W.B.]

33. O campo de concentração Krakau-Plaszow funcionou entre janeiro de 1944 e janeiro de 1945. Até então tinha a denominação oficial de "Campo de Trabalho da SS" com judeus como mão de obra forçada. [W.B.]

34. Nascido em Viena em 1908, Amon Leopold Goeth era o comandante do *Lager* Plaszow, com a patente de *Hauptsturmführer* da SS (correspondente a capitão no Exército). Acusado em agosto e setembro de 1946 e condenado à morte pelo Tribunal Nacional Superior Polonês, em Cracóvia, devido ao assassinato de 8 mil judeus no gueto de Tarnow, entre outros. Foi executado a 13 de setembro de 1946. [W.B.]

marcha. Desta vez, não há vagões de carga à nossa espera. Iremos a pé. Calçados com tamancos de madeira. Em direção oeste.

Uma extensa coluna de prisioneiros esquálidos se arrasta pela via principal. Guardas da SS, alguns com cães, nos fazem avançar. Quem fica para trás é abatido a tiros. Estamos com pressa. Sabemos que os russos devem estar perto. É perceptível o nervosismo da SS. Muitos de nós ficam para trás. Não conseguem manter o ritmo. Apesar de não marcharmos tão depressa assim.

Ao anoitecer, descansamos num campo. Aqui será nosso primeiro acampamento noturno. Não podemos ultrapassar os limites de um determinado território. Para que não possamos fugir. Temos muita sede. Não podemos procurar água. A terra aqui é bem úmida. Temos esperança de encontrar água. Escavamos a terra com colheres. Há água a um metro de profundidade. Nós nos atiramos sobre a água. E assim surgem várias fontes que acalmam a nossa sede por um tempo. Beber, beber, beber... A água é boa. Muitos rezam, agradecendo a Deus por esse milagre.

No dia seguinte, seguimos em frente. Muitos continuam ficando para trás. A fome e a sede nos atormentam. Chegamos a Sochaczew. Um rio. Apesar do risco de tifo, bebemos. Não podemos nos conter. Com e sem girinos. Não nos causam sequer nojo. A sede é pior do que a fome. Ainda não sabia disso. Não é necessário o deserto. Marchar basta. Estamos com medo. Da fome, da sede, de ficar para trás.

Pernoitamos em uma floresta nas cercanias de Kutno. Chove. Torrencialmente. Estamos deitados no chão.

5. VARSÓVIA

Com colheres, cavamos valas à nossa volta para que a água possa escorrer. Nossas roupas estão encharcadas. Agora, há água suficiente. A chuva para. O dia começa. Marchamos em direção à estação de Kutno. Noventa prisioneiros têm de se espremer num vagão de carga. Quarenta e cinco de um lado e quarenta e cinco do outro. O meio é deixado vazio para os dois guardas da SS. Ficamos agachados. Um colado ao outro. O fedor de urina e fezes é insuportável. A sede, causada pelas provisões de marcha muito salgadas, torna-se cada vez pior. O trem para numa estação. Somos autorizados a descer. Mas é proibido procurar por água. Os SS a buscam. Enchem seus cantis. Nós pedimos água. Um prisioneiro arranca um dente de ouro de sua prótese. Recebe água em troca. Ouro por água.

    Há três mortos no vagão. Esmagados. Sufocados. Quem é que sabe? Os guardas batem e socam. Ameaçam com tiros. Não adianta. O espaço não se torna maior. Isso se estende por três dias e duas noites. Com paradas em estações desconhecidas. Esvaziar os baldes. Caçar água. Chegamos a Dachau. Respiramos aliviados.

6. Dachau

Agosto de 1944

Nós nos arrastamos pelo *Lager*. Ainda assim, respiramos aliviados. Banho. Desinfecção. Registro. Edgar, 87.097; eu, 87.098. É a terceira vez que somos numerados e ainda estamos vivos. Permanecemos imóveis no grande pátio destinado ao *Appell*. Somos divididos nos blocos. Bloco 17. Quarentena. Desta vez, deve se estender por três semanas. Por causa da desnutrição, meus dentes começam a se soltar. Vou à estação dentária. O dentista prisional francês me recomenda cenouras, mas não me diz onde consegui-las. Em frente à estação dentária, há uma sala de autópsias. Ao lado do necrotério. Um médico prisional tcheco, doutor Bláha, me pergunta: você quer pão? Quero. Pão da sala de autópsias. Que diferença faz? Não ouso lhe perguntar sobre cenouras. Ele me deixa voltar.

Oficiais italianos se juntam ao nosso bloco. Como prisioneiros. São cerca de vinte. Chegam também socialistas veteranos e sindicalistas. Veteranos igualmente em idade. Um deles precisa ir à enfermaria. Quero lhe indicar o caminho. Quase ofendido, ele me dispensa. "Já estive aqui em 1943", rebate. Não fui capaz de impressionar esse "veterano". Um homem de setenta anos de idade em Dachau.

Ao anoitecer, sou chamado ao escritório. Minha tarefa é preencher fichas no turno da noite. São as fichas dos transportes recém-chegados. À meia-noite, recebo mingau de semolina. Mesmo frio, é saboroso. Ao que parece, vem da cozinha dietética. Experimentos. Forcas, câmaras de gás[35] — e cozinha dietética? Não compreendo.

Em Dachau, a liderança está nas mãos dos prisioneiros políticos. Não os portadores de triângulos verdes ou pretos, como em Auschwitz ou em Varsóvia. No bloco dos padres, há sacerdotes de todas as nacionalidades. Alemães, poloneses, tchecos, iugoslavos — católicos, protestantes, gregos ortodoxos. Encontro um padre que conhecia bem meu pai. Ele não me pergunta sobre ele. Não quer me ferir.

Há também um bordel em Dachau. Um bordel de prisioneiras. Para "arianos", exceto russos. A entrada é mediante ingresso. Com hora marcada. As vítimas são supostamente voluntárias, prisioneiras de Ravensbrück.[36]

---

35. No campo de concentração de Dachau havia uma câmara de gás que, no entanto, não era utilizada para o assassinato sistemático de prisioneiros como acontecia nos campos de extermínio. [W.B.]

36. Ravensbrück (junto a Fürstenberg, distrito de Potsdam) entrou em funcionamento a 15 de maio de 1939 e foi evacuado a 30 de abril de 1945, sendo o maior campo de concentração destinado especificamente a mulheres. Com 42 campos periféricos, mais de 90 mil mulheres perderam suas vidas ali. [W.B.]

6. DACHAU

Em Dachau há muitos iugoslavos. São chamados de *partisans*. E de fato eram *partisans*. Converso com alguns deles. Admiro sua coragem. Uma parte do povo vai para as montanhas. Luta contra um exército regular. Com muito idealismo e poucas armas. Sob as mais duras condições. Eu comparo. Eles e nós. Nós nos deixamos levar como animais para o abate. Com números pendurados no pescoço. Estendemos o pescoço aos nossos carrascos. Animais resistem a entrar no matadouro. Nós, não. Obedecemos sem opor resistência. Exceto os judeus do gueto de Varsóvia. E os judeus de 2 mil anos atrás. Talvez essa seja a razão — durante o longo tempo da diáspora, os judeus foram com frequência tratados como seres humanos de segunda categoria e por isso, até Varsóvia, passivos diante de todas as perseguições.

Passadas três semanas de quarentena em Dachau, somos levados a Karlsfeld. A poucos quilômetros de Dachau. O *Lager* chama-se O. T. Aussenlager Karlsfeld.[37] Há barracões de alvenaria e beliches de três andares. Como em todos os outros lugares, aqui também o *Lagerälteste* faz um discurso que já conhecemos. Somos divididos em

---

37. O comando externo de Karlsfeld entrou em funcionamento a 11 de julho de 1944. A mão de obra era empregada pela Diretoria de Construções de Dachau, da Organização Todt (O. T.). Esse nome se devia a seu chefe, doutor Fritz Todt, tendo sido fundada em 1938 como uma entidade estatal para a construção de instalações militares e edificações importantes para o esforço de guerra. A mão de obra de seus canteiros era composta principalmente por trabalhadores forçados estrangeiros (chamados de "*Fremdarbeiter*"), prisioneiros de guerra e dos campos de concentração. [W.B.]

comandos de trabalho separados. O meu se chama Sager & Woerner. Nosso trabalho é construir um galpão em um terreno da BMW. O trabalho consiste em carregar sacos de cimento. Vergalhões de ferro. O chefe do comando, *Hauptscharführer*[38] da SS Jäntzsch, diverte-se atiçando seu pastor-alemão contra os prisioneiros. Ele só ordena ao cachorro que solte após a vítima sangrar. Depois de alguns dias, adoeço. Tenho direito a permanecer no *Lager*. Para realizar trabalhos leves. Assim chamados. Leves? Junto a um prisioneiro muito velho, Albert Kerner, de Munique, transporto cadáveres de Karlsfeld para Dachau em um carrinho. Para o campo principal. Para serem cremados. Kerner caminha ao lado do carrinho, o guarda da SS segue próximo de mim. Devo cuidar para que os mortos permaneçam cobertos. Um vento súbito levanta as cobertas. Os passantes, em sua maioria mulheres, fazem caras assustadas. Cadáveres dos campos de concentração não são bonitos de se ver.

---

38. A patente de *Hauptscharführer*, chefe principal de esquadrão, corresponde à de sargento no Exército. [N.T.]

6. DACHAU

Meu irmão Edgar, o único de minha família além de mim a sobreviver. Final de 1945, em Nový Jičín.

À época, ele tinha dezenove anos de idade.

No verão de 1945, poucos meses depois da libertação.

Reza-se em um dos blocos. Sobretudo judeus da Hungria. Eles rezam todos os dias. No Yom Kipur — o Dia do Perdão judaico —, eles até jejuam.

Notícias políticas se espalham. Americanos e ingleses estariam perto. Quão perto, ninguém é capaz de dizer.

Em janeiro de 1945, um comando é deslocado para o campo periférico de Mühldorf.[39] Meu irmão pertence a esse comando. Temos então de nos separar. Sozinho, é mais difícil sobreviver. É bom ter amigos. Mas um irmão é melhor. Eu fico para trás. Penso no corajoso soldado Schwejk, que planeja se encontrar com seu amigo às cinco horas da tarde na estalagem para tomar uma taça de vinho após a guerra. Nós nos encontraremos, dizem, para consolar um ao outro.

Duas semanas mais tarde, um transporte é organizado. A maior parte é de prisioneiros muito debilitados. Com cuidado, eu me informo. Segundo consta, o transporte segue para Mühldorf. Para trabalhar. Apresento-me. A saudade de meu irmão é mais forte que o medo. Recebemos provisões. Entramos num vagão de carga. A viagem dura apenas algumas horas. Chegamos a um campo pequeno. Barracões de madeira. Somos divididos em blocos. Na mesma noite, reencontro meu irmão. Eu pressentia que voltaríamos a nos ver. O comando ao qual sou destinado

---

39. O comando externo de Mühldorf tinha cinco subcomandos, dentre os quais o Ampfing-Waldlager V e VI que funcionou entre agosto de 1944 e maio de 1945. Sob as ordens da Direção de Construções da O. T. de Mühldorf, os prisioneiros trabalhavam nas obras de edificação de uma indústria subterrânea destinada a fabricar aviões. [W.B.]

está construindo uma indústria subterrânea de aviões. O trabalho é pesado. A alimentação, ruim. Há piolhos no *Lager*. Onde há piolhos, há tifo. Contraio tifo. Durante duas semanas, não consigo comer nada. Nesse ínterim, o barracão dos doentes é "esvaziado". Os doentes são levados ao campo de Kaufering, próximo a Landsberg. Um campo de morte.[40]

A 28 de abril de 1945 chega a ordem de evacuação do *Lager* de Mühldorf. Vagões de carga estão a nossa espera na plataforma. Estou muito debilitado e preciso ser levado do barracão dos doentes direto para o vagão. Cinco semanas de tifo me enfraqueceram bastante. Apoiando-me em meu irmão, chego ao vagão. Sinto-me seguro. Protegido. Após algumas horas, o transporte parte. As tropas que nos acompanham são compostas não só por homens da SS como também de militares da *Wehrmacht*. Isso nos tranquiliza um pouco. Paramos em cada uma das pequenas estações no caminho. Notamos que viajamos para oeste. Em Poing, perto de Munique, permanecemos parados por bastante tempo. Na plataforma ao lado, há um trem com baterias de artilharia antiaérea. De repente, soa o alarme. Os guardas ao redor do trem desapareceram. Um avião americano faz um voo rasante e dispara contra ambos os trens. Fugimos dos vagões e corremos pelos campos.

---

40. O Comando Externo de Kaufering existia desde o verão de 1944, constituído por oito campos em diferentes pontos da região de Landsberg, do aeroporto de Lechfeld e de Kaufering. Dois desses campos funcionavam oficialmente como "campos de doentes" e, sobretudo em Kaufering, a mortalidade era elevada. [W.B.]

Será verdade? A guerra teria acabado? Seja como for, não cogitamos voltar para os vagões. Alguns prisioneiros morrem durante o ataque aéreo. Agora, no último instante. Dentre eles, um amigo nosso. Um engenheiro de Praga. Resistiu por cinco anos. Para nada.

A liberdade não dura muito. Subitamente estamos cercados. Os guardas atiram acima de nossas cabeças e nos conduzem de volta ao vagão. O transporte segue em frente. É 30 de abril de 1945. O trem para no meio do caminho. De longe, avistamos um longo comboio de veículos motorizados. Nossos guardas desapareceram. Abrimos as portas dos vagões. As portas para a liberdade. Algumas centenas de metros adiante, passa um comboio militar americano. Estamos livres. Ainda não compreendemos. Estou fraco demais para deixar o vagão.

Junto ao trem, os americanos erguem um ambulatório provisório. Dois paramédicos se ocupam dos doentes. Acomodam-nos em camas de campanha. Lavam-nos e oferecem-nos fortificantes. Chegam ambulâncias. Os casos mais graves são encaminhados para um hospital. Voltamos a ser humanos. Podemos ir para o hospital sem receio. Estamos livres.

ESTE LIVRO FOI COMPOSTO EM ADOBE GARAMOND CORPO 12,2 POR
15,5 E IMPRESSO SOBRE PAPEL PÓLEN BOLD 90 g/m² NAS OFICINAS DA
RETTEC ARTES GRÁFICAS E EDITORA, SÃO PAULO – SP, EM MARÇO DE 2024